रात की बाँहों में

रात की बाँहों में

ख़्वाज़ा अहमद अब्बास
मोहन राकेश
कृशनचन्दर
प्रयाग शुक्ल
सलमा सिद्दीकी
अमृतलाल नागर
शरद जोशी
वीरेन्द्रकुमार जैन
कमलेश्वर
राजेन्द्र यादव

राधाकृष्ण प्रकाशन

ISBN : 978-81-8361-049-0

रात की बाँहों में

पहला संस्करण : 1965
तीसरा संस्करण : 2019
पहली आवृत्ति : 2024

मूल्य : ₹595

प्रकाशक
राधाकृष्ण प्रकाशन प्राइवेट लिमिटेड
जी-17, जगतपुरी, दिल्ली-110 051

शाखाएँ : अशोक राजपथ, साइंस कॉलेज के सामने, पटना-800 006
पहली मंजिल, दरबारी बिल्डिंग, महात्मा गांधी मार्ग, प्रयागराज-211 001
1, अनमोल सोराबजी संतुक लेन, धोबी तलाव, मरीन लाइंस, मुम्बई-400 002
वेबसाइट : www.radhakrishnaprakashan.com
ई-मेल : info@radhakrishnaprakashan.com

मुद्रक
राजकमल प्रकाशन प्रा. लि.
नई दिल्ली-110 002

RAT KI BAHON MEIN
(Short Stories) Edited by Mohan Rakesh

पहले संस्करण से

विचार मेरे मित्र का था—मोहन राकेश का—(और महज़ विचार को कापीराइट का संरक्षण भी प्राप्त नहीं है !) कि देश के प्रमुख शहरों की रातों की ज़िन्दगी पर देश के प्रमुख लेखक ऐसा कुछ लिखें कि जो न कहानी ही कहला सके और न रेखाचित्र ही। जो कुछ लिखा जाए उसमें कहानी-सी रोचकता रहे और रेखाचित्र-सी चुस्ती और यथार्थता। 'रात की बाँहों में' के अन्तर्गत हिन्दी और उर्दू के, प्रमुखतम कृतिकारों ने जो कुछ लिखा, वह अन्ततः बहुत लोकप्रिय सिद्ध हुआ और इसलिए अब यहाँ उसे पुस्तक-रूप में प्रस्तुत किया जा रहा है।

—प्रकाशक

दूसरे संस्करण के बारे में

ओमप्रकाश जी ने अपने मित्र मोहन राकेश की सलाह पर हिन्दी और उर्दू के प्रमुख रचनाकारों से देश के दस प्रमुख शहरों की रातों की जिन्दगी पर 'कहानी-सी रोचकता और रेखाचित्र-सी चुस्ती और यथार्थता' वाली ये रचनाएँ लिखवाकर प्रकाशित किया था, जो काफी लोकप्रिय सिद्ध हुईं। दशकों से यह किताब अनुपलब्ध है। लेकिन आज के सन्दर्भ में भी इन शहरों की रातों की ज़िन्दगी के सन्दर्भ में प्रासंगिक। नई पीढ़ी के अनेक पाठकों ने इसे पढ़ा भी नहीं होगा। इसलिए यह किताब एक बार पुनः प्रकाशित की जा रही है।

—अशोक कुमार महेश्वरी

अनुक्रम

बम्बई	:	ख्वाज़ा अहमद अब्बास	11
दिल्ली	:	मोहन राकेश	37
श्रीनगर	:	कृशनचन्दर	53
हैदराबाद	:	प्रयाग शुक्ल	73
नैनीताल	:	सलमा सिद्दीकी	87
लखनऊ	:	अमृतलाल नागर	99
भोपाल	:	शरद जोशी	113
अमृतसर	:	वीरेन्द्रकुमार जैन	125
इलाहाबाद	:	कमलेश्वर	139
कलकत्ता	:	राजेन्द्र यादव	155

LUX
ART

बम्बई

बम्बई रात की काली मखमली बाँहों में लेटी हुई हँस रही थी।

आसमान से नीचे उतरते हुए हवाई जहाज़ की खिड़की में से ऐसा लगता था कि शहर की लाखों-करोड़ों रोशनियाँ आँखें झपका रही हैं, दाँत दिखा रही हैं, खिलखिलाकर हँस रही हैं।

नीचे एयरपोर्ट पर एक बोइंग उतर रहा था, जो वक्त से दस मिनट पहले आ गया था (क्योंकि सिंगापुर से उसे अनुकूल दिशा में चलनेवाली तेज़ हवा मिली थी)। इसलिए दिल्ली से आनेवाले वाईकाउंट को नीचे उतरने की इजाज़त नहीं मिली थी। सो अपने साठ मुसाफिरों को लिए हुए यह हवाई जहाज़ एक बार शहर के ऊपर पूरा चक्कर लगा रहा था। शायद तीसरी बार भी उसे चक्कर लगाना पड़े।

अर्जुन अरोड़ा, जो 'बम्बई टाइम्ज़' के चीफ रिपोर्टर की हैसियत से दिल्ली से रिपब्लिक डे परेड की रिपोर्ट लेकर लौट रहा था, अपने बराबर बैठे हुए मुसाफ़िर को खिड़की में से बम्बई की रोशनियाँ दिखा रहा था। "वह देखो, समन्दर में नेवी के जहाज़ खड़े हैं, 'गेट वे ऑफ़ इंडिया' और 'ताजमहल होटल' के बिलकुल सामने यह है कुलाबा—दक्षिण में बम्बई का आखिरी किनारा। यह है 'मेरीन ड्राइव'—हमारे शहर की सबसे खूबसूरत सड़क, जो मीलों समन्दर के किनारे-किनारे चली गई—और वह नीचे रोशनियों का जो झुरमुट नज़र आ रहा है, वह 'चौपाटी' है। चौपाटी का ज़िक्र तो आपने ज़रूर सुना..."

मगर उसने देखा कि उसके बराबर बैठा हुआ मुसाफ़िर न खिड़की में से रोशनियाँ देख रहा है, न शायद वह उसकी बात ही सुन रहा है। उसकी आँखें बन्द हैं और अपने हाथों से सीटवाली पेटी को वह कसकर पकड़े हुए है। अपने हर सफ़र में अर्जुन का अजीब और दिलचस्प आदमियों से वास्ता पड़ता रहता था। मगर ऐसा हमसफ़र उसे कभी न मिला था। अभी पालम से हवाई जहाज़

उड़ा भी नहीं था कि बूढ़े ने अपने कोट के अन्दर की जेब से हज़ार-हज़ार के नोटों का एक बंडल निकालकर अर्जुन को दिखाया और पूछा, "क्यों जी, तीस हज़ार रुपए काफ़ी होंगे न ? बात यह है कि मैं ज़िन्दगी में पहली बार बम्बई जा रहा हूँ। दिल्ली में दरीबे में सोने-चाँदी के ज़ेवरों की दुकान है। बम्बई जाने को सोचा तो कितनी ही बार, मगर धन्धे से कभी फुरसत ही नहीं मिली–पिछले साल मैंने सारे तीर्थों की यात्रा तो कर ली, अब जी चाहता है कि मरने से पहले बस एक बार बम्बई देख लूँ। उम्र-भर मेरे बेटे-पोतों ने मेरी कमाई पर ऐश किए हैं जी ! मैंने सोच लिया है कि महीना-भर मैं भी बम्बई में जी भर ऐश करूँगा। उम्र-भर की कसर निकालूँगा। सुना है जी बम्बई में रात को बड़े-बड़े तमाशे होते हैं जी..." और उनके ख़याल से ही उसकी बूढ़ी बुझी-बुझी-सी आँखें चमक उठी थीं और उसके सूखे हुए पतले-पतले होंठों से राल टपकने लगी थी। मगर अब उसकी आँखें बन्द थीं और शायद मितली को रोकने के लिए उसने अपने सूखे-पतले होंठ कसकर बन्द कर रखे थे।

'बेचारा बूढ़ा,' अर्जुन ने सोचा। पहली बार हवाई जहाज़ में बैठा है न ! हवाई जहाज़ नीचे उतरता है तो पुराने अनुभवी मुसाफ़िरों को भी पेट में खिंचाव-सा महसूस होता है और मितली होने लगती है। ज़रूर इस बेचारे की हालत खराब है, तभी चेहरा भी पीला पड़ गया है।

अर्जुन तो दर्जनों बार हवाई सफ़र कर चुका था। उसको कभी मितली नहीं हुई थी। लेकिन उसके बराबर बैठे हुए मुसाफ़िर को कभी मितली होने लगे तो देखकर उसकी तबीयत भी खराब होने लगती थी। इसलिए उसने अपने हमसफ़र का पीला चेहरा देखते ही फौरन खिड़की की तरफ़ मुँह मोड़ लिया और नीचे शहर की रोशनियाँ देखने लगा। घूमते हुए हवाई जहाज़ में से उसे ऐसा लगा कि वह खुद तो आकाश में लटका हुआ है और बिलकुल निश्चल है, मगर दूर कहीं नीचे रोशनियों से जगमगाता हुआ शहर घूम रहा है...घूम रहा है।

'रात !' अर्जुन ने घूमते हुए, शहर की रोशनियों को पहचानने की कोशिश करते हुए सोचा, 'रात एक हसीन जादूगरनी है। हर शाम वह शहर को अपनी बाँहों में समेट लेती है और उस पर अपना सितारों-ढका कामदानी का काला दुपट्टा डाल देती है और फिर सुबह होने तक शहर की सारी कुरूपता, शहर के शरीर पर झूलते हुए मैले, बदबूदार चीथड़े, शहर के हाथ-पाँव और चेहरे पर खून और पीप से रिसते हुए ज़ख्म और नासूर–वे सब इस जादू के दुपट्टे

से ढके रहते हैं। हर बुराई, हर बदसूरती, हर बेइन्साफी, हर जुल्म पर अँधेरे का परदा पड़ा रहता है। और रात की तिलिस्मी बाँहों में सिमटकर शहर के चेहरे पर निखार आ जाता है; शहर सुन्दर, जवान और स्वस्थ हो जाता है; रोशनी के लाखों दाँतों की नुमायश करने के लिए खिलखिलाकर हँस पड़ता है। मगर फिर सुबह होती है। एक-एक करके रोशनियाँ बुझती जाती हैं, जैसे किसी के चेहरे से खिसियानी हँसी के आसार आहिस्ता-आहिस्ता मिट जाते हैं—और फिर सूरज अपना आग्नेय हाथ बढ़ाता है और एक ही बार में उस तिलिस्मी चादर को नोच लेता है और शहर को रात की नरम बाँहों में से घसीटकर वास्तविकता के क्रूर उजाले में नंगा ला खड़ा कर देता है।...'

'मगर,' अर्जुन ने सोचा, 'अभी सवेरा होने में देर है। इस वक्त रात का पहला पहर है और रात को बम्बई से ज़्यादा सुन्दर शहर दुनिया में कोई नहीं है। ऐसा लगता है जैसे काली मखमल पर हीरे-जवाहरात बिखरे पड़े हों। मगर नहीं, यह सब तो कविता है।' उसने फिर सोचा, 'यह नीचे फैली हुई काली मखमल नहीं है। अँधेरा समन्दर है और ये हीरे-जवाहरात नहीं हैं। ये सड़कों, घरों और दुकानों, होटलों और थिएटरों, क्लबों और नाचघरों, कारखानों और फैक्टरियों, चालों और झोंपड़ियों की रोशनियाँ हैं। नियॉन लाइट में लिखे हुए मोटर और बिस्कुटों, कपड़े की गिलों और साबुन की टिक्कियों और नाच-गानों से भरपूर फ़िल्मों के लाल, नीले, पीले रंगों के इश्तहार हैं।'

देश के बँटवारे के बाद से उसने पन्द्रह बरस इस शहर में गुज़ारे थे। और बम्बई की रात से वह इस तरह परिचित था, जैसे मरद अपनी औरत के शरीर की बोटी-बोटी से परिचित होता है। यह बिखरी हुई रोशनियों का जाल, जो नीचे घूम रहा था, उसमें से हर रोशनी उसकी जानी-पहचानी थी। बरसों तक हर रात को वह अख़बार के दफ्तर से नाइट ड्यूटी करके इन रोशनियों की छाँव में फ्लोरा फाउंटेन से भायखला पैदल गया था। अपने पहले इश्क में पहली नाकामी के बाद महीनों उसने मैरीन ड्राइव का पथरीला फुटपाथ नापा था और उस पर लगी हुई सड़क की रोशनियाँ गिनी थीं। और जब उषा से उसकी नई-नई मुहब्बत हुई थी, तो कितनी ही बार वे दोनों रात को चौपाटी पर गए थे और वहाँ चाट की दुकानों पर लगे हुए गैस के हंडों की पीली रोशनी में उन्होंने दही-बड़े और गोल-गप्पे खाए थे और फिर फलूदा पीकर बनारसी पानवाले की दुकान से महोबे के खुशबूदार पान बनवाए थे। और फिर उन पानों को चबाते, हँसते-बोलते बालकेश्वर रोड पर लगी हुई बत्तियों को गिनते

हुए मालाबार हिल की चोटी तक गए थे, ताकि सड़कों की भीड़-भाड़ और शोर-शराबे से बहुत दूर और बहुत ऊपर हैंगिंग गार्डन के सामने पड़ी हुई किसी बैंच पर बैठकर एक-दूसरे के दिल की धड़कनें सुन सकें।

मगर अब समय के साथ महोबे के उन पानों का स्वाद कसैला पड़ चुका था। अब बरसों से उन्होंने चौपाटी पर न चटपटी चाट खाई थी, न ठंडा-मीठा फलूदा पिया था और न ही मुद्दतों से एक-दूसरे के दिल की धड़कनें सुनी थीं। अब वह रात-भर उषा के खर्राटे सुनता था और उषा उसे नींद में संसार-भर की राजनीति के बारे में बड़बड़ाते हुए सुनती थी और दोनों मिलकर रात-भर अपने तीन बच्चों का छींकना, खाँसना और रोना-धोना सुनते थे।

'क्या हो गया है हमें ?' उसने सोचा। 'मैं अब भी उषा से मुहब्बत करता हूँ और मुझे यकीन है कि उषा भी मुझसे मुहब्बत करती है। फिर अब हम इकट्ठे चौपाटी पर जाकर चाट क्यों नहीं खाते ? महोबे के खुशबूदार पान क्यों नहीं बनवाते ? मालाबार हिल पर जाकर रात के सन्नाटे में एक-दूसरे के दिल की धड़कनें क्यों नहीं सुनते ? और अभी वह अपने जीवन के इस सबसे महत्त्वपूर्ण सवाल का जवाब नहीं सोच पाया था कि उसने देखा, नीचे फैले हुए शहर ने घूमना बन्द कर दिया है। अब एयरपोर्ट की नीली-पीली, लाल रोशनियाँ तेज़ी से ऊपर की तरफ़ उठ रही हैं। और पलभर के लिए उसे ऐसा लगा कि उसका हवाई जहाज़ इन रोशनियों से टकराकर टुकड़े-टुकड़े हो जाएगा और वे सब बिल्लौर की किरचों की तरह सितारे बनकर अँधेरे आसमान में बिखर जाएँगे।

एक झटके के साथ ब्रेक लगे और हवाई जहाज़ थरथराता हुआ ठहर गया।

सीट की पेटी से अपने-आपको आज़ाद करते हुए अर्जुन ने बराबर बैठे हुए मुसाफ़िर की तरफ़ मुड़कर कहा, "लीजिए, आ गया बम्बई ! अब डटकर सैर कीजिए।" मगर उसे कोई जवाब न मिला और अब उसने देखा कि बूढ़े की आँखें खुली हुई हैं, मगर उसकी गरदन एक अजीब, भयानक और बेज़ान अन्दाज़ से एक तरफ़ ढलकी हुई है।

दूसरी तरफ़ उसके बराबर की सीट से एक पतली मूँछोंवाला नौजवान अपने एयरबैग को झुलाता हुआ उठा और उसने झुककर उस बूढ़े को झँझोड़ा,

"अरे उठो मिस्टर।" और जब उसे कोई भी जवाब न मिला, तो वह कुछ घबरा-सा गया और पीछे हटते हुए बोला, "ओल्ड मैन इज़ ड्रंक। बूढ़ा पिएला है।"

दो मिनट के बाद एयरपोर्ट के डॉक्टर ने (जिसे एयर होस्टेस ने कैप्टन से कहकर बुलाया) सरसरी जाँच करते ही कह दिया था कि बूढ़ा हार्ट फेल होकर मर चुका है !

अर्जुन ने कहा, "बेचारे की आख़िरी हसरत दिल की दिल में ही रह गई।"

"क्या कहा आपने ?" पुलिस इंस्पेक्टर ने उसे शुबहे की नज़रों से देखते हुए कहा, "आपको हमारे साथ एयरपोर्ट के थाने तक चलकर अपना नाम-पता लिखवाना होगा। क्या आप मरनेवाले के बारे में कुछ जानते हैं ?"

"जी नहीं, सिर्फ इतना जानता हूँ कि वह मरने से पहले बम्बई देखना चाहता था।"

"जो कुछ भी है, आपको हमारे साथ चलना होगा।"

"चलिए।"

जब सब मुसाफ़िर उतर चुके, तो स्ट्रेचर पर बूढ़े की लाश को उतारा गया। उसके बाद अर्जुन अपना पोर्टफोलियो लिए हुए उतरा और उसके बाद पुलिस इंस्पेक्टर, डॉक्टर और हवाई जहाज़ के दोनों पाइलट।

सान्ताक्रुज एयरपोर्ट की हज़ारों रोशनियाँ अँधेरे में अपनी नीली, पीली, लाल आँखें चमका रही थीं, जैसे बम्बई आनेवालों का स्वागत कर रही हों, उसको सैर-तमाशे का न्यौता दे रही हों। 'मगर', अर्जुन ने स्ट्रेचर को अँधेरे में गायब होते देखकर सोचा, 'वह बूढ़ा, जिसने उम्र-भर बम्बई देखने का स्वप्न देखा था, आज रात की बाँहों में हमेशा के लिए सो चुका है।'

"टैक्सी।"

"टैक्सी।"

आवाज़ें दो बुलन्द हुईं, मगर सारे एयरपोर्ट पर टैक्सी सिर्फ एक थी।

अर्जुन का हवाई जहाज़ उतरा था आठ बजे, मगर पुलिस के सवाल-जवाब खत्म होते-होते नौ बज गए। उसने सोचा था, दफ़्तर में नाइट ड्यूटी के लिए जाने से पहले माटूँगा में अपने घर होता जाएगा, नहीं तो उषा फिर शिकायत करेगी और हमेशा की तरह चिल्लाएगी। 'तीन दिन बाद दिल्ली से आए और

एयरपोर्ट से सीधे दफ़्तर। रिपोर्ट क्या कल नहीं लिख सकते थे ?' और फिर उसे समझाना पड़ेगा कि अख़बार के काम में सिर्फ़ आज होती है कल नहीं होती—क्योंकि सिर्फ़ आज की खबर खबर है, अगले दिन वह मर जाती है, सड़ जाती है और सड़ी हुई मछली की तरह बाज़ार में उसका कोई गाहक नहीं होता है। मगर अब तो यहीं इतनी देर हो गई थी कि दस बजे तक दफ़्तर पहुँचा भी, तो शायद ही एक-डेढ़ बजे तक अपनी रिपोर्ट पूरी कर पाए। उस पर यह सितम हुआ कि एयरपोर्ट पर सारी टैक्सियाँ गायब और एक मिली भी तो एक और मुसाफ़िर पहले से उस पर कब्ज़ा जमाने को तैयार !

"आपको कहाँ जाना है ?" पूछनेवाला वही पतली मूँछोंवाला नौजवान था, जो उनके साथ हवाई जहाज़ में दिल्ली से आया था और अब दो भारी सूटकेसों को टैक्सी के पीछे लदवा रहा था।

"मुझे तो फ्लोरा फाउंटेन जाना है। और आपको ?"

"मैं तो इधर जुहू पर रहता हूँ—वेरी नियर होटल जलतरंग। मैं उतर जाऊँगा, फिर आप टैक्सी फोर्ट ले जाइएगा।"

अर्जुन को एक अनजाने आदमी के साथ साझे में टैक्सी करना बिलकुल अच्छा नहीं लगा, मगर उस वक्त उसके सिवा और कोई चारा भी नहीं था। पतली मूँछोंवाला साँवला नौजवान पीले चमड़े का लम्बा-नुकीला जूता पहने हुए था। उसकी आसमानी रंग की पतलून इतनी पतली मोहरी की थी कि बिलकुल चूड़ीदार लगती थी, और चमड़े की हरी जैकेट के नीचे वह गले में एक पंचरँगी सिल्क का स्कार्फ बाँधे हुए था—न जाने क्यों, हवाई जहाज़ में भी उस नौजवान को देखकर अर्जुन को ऐसा लगा था, जैसे अपनी पतली मूँछों से लेकर नुकीले-पीले जूतों तक उसमें हर तरफ़ आड़ी-तिरछी, तेज़ चूभनेवाली नोकें ही नोकें निकली हुई हों। टैक्सी में उसके बराबर बैठते हुए वह बेइख़्तियार एक तरफ़ को दरवाज़े से बिलकुल सटकर बैठ गया, जैसे उसे डर हो कि पतली मूँछोंवाले की हर तरफ़ निकली नोकों में से कोई उसको न चुभ जाए।

टैक्सी रवाना होकर एयरपोर्ट के कम्पाउंड से बाहर निकली, तो उसने अपने साथी से पूछा, "तुम भी दिल्ली से आए हो, न ? फिर तुम्हें इतनी देर क्यों लगी ? दूसरे मुसाफ़िरों को गए तो घंटा-भर हो गया होगा।"

"वैल, यू सी," पतली मूँछोंवाले नौजवान ने कहना शुरू किया। फिर वह रुक गया। फिर सोचकर बोला, "यू सी, सामान में मेरा एक सूटकेस इधर-उधर हो गया था। उसकी तलाश में इतनी देर लग गई।" और फिर एकदम

कहकहा मारकर वह बोला, "और यह भी हो सकता है कि मैं आपका ही इन्तज़ार कर रहा था।" और न जाने क्यों अर्जुन को वह हँसी बड़ी ही खोखली और बिना वजह लगी।

मगर इससे पहले कि वह कुछ कह सके, वह नौजवान उससे पूछ रहा था, "मगर आप तो बताइए, थाने में आप पर क्या बीती ? पुलिसवाले शरीफ आदमियों को बहुत परेशान करते हैं। कहीं आप पर तो उस बूढ़े के मर्डर का चार्ज नहीं लगा दिया ?"

"नहीं, ऐसी कोई बात नहीं।" पुलिसवाले मुझे जानते हैं।"

"रियली ! पुलिसवाले तुमको भी–आई मीन तुमको जानते हैं ? कभी अन्दर जा चुके हो ?"

अब जाकर अर्जुन की समझ में आया कि पतली मूँछोंवाला नौजवान उसको कोई चोर-उचक्का समझ रहा था।

हँसकर उसने जवाब दिया, "नहीं, ऐसी कोई बात नहीं। मगर मैं रिपोर्टर हूँ, इसलिए पुलिसवालों से वास्ता पड़ता है। देर तो और ही वजह से लगी।"

"वह क्या ?"

जवाब देने से पहले अर्जुन ने सोचा, फिर बोला, "कोई हर्ज़ नहीं, बताए देता हूँ। कल सवेरे तो सब कुछ पेपर में आनेवाला है ही। बात यह है कि बूढ़े के पास जेब में तीस हज़ार रुपए थे।"

"तीस हज़ार रुपए !" नौजवान ने बेइख्तियार सीटी बजाते हुए दोहराया, "तीस हज़ार रुपए तो बहुत होते हैं। क्या हज़ार-हज़ार रुपए के नोट थे ?"

"हाँ-हाँ, हज़ार-हज़ार रुपए के नोट ही थे। जब बूढ़े ने मुझे हवाई जहाज़ में दिखाए थे, मगर...मगर..."

"मगर क्या"

"मगर थाने में जब मैंने इंस्पेक्टर को यह बताया और लाश की तलाशी ली गई तो वे रुपए जेब में नहीं निकले। बंडल का बंडल गायब हो गया।"

"ओह ब्वॉय !" नौजवान जोश से बोल उठा, "तीस हज़ार रुपए। अगर एक बार मुझे इतना रुपया मिल जाए, तो...तो...तो..." मगर वह 'तो–तो–' ही कहता रहा।

जैसे बच्चे से कोई पूछे, बेटा तुम्हें एक रुपया दें, तो तुम उसका क्या करोगे, वैसे ही अर्जुन ने पूछा, "क्यों मिस्टर, तुम्हें वे तीस हजार रुपए मिल

जाते, तो तुम क्या करते ?''

और जैसे बच्चा जवाब देता है–मैं चार आने का कोका कोला पिऊँगा, चार आने की चॉकलेट खरीदूँगा, आठ आने की कॉमिक्स की किताब लूँगा, वैसे ही नौजवान ने जवाब दिया, ''मैं...मैं...दस सूट बनवाऊँगा और हर सूट के साथ उसी रंग का एक जूता, सिल्क की बीस शर्ट्स सिलवाऊँगा और एक लम्बी रेसिंग मोटर कार खरीदूँगा। और एक रात को असली स्कॉच ह्विस्की पिऊँगा, खूब पिऊँगा, फिर होटल जलतरंग में डिनर खाऊँगा, लूसी का गाना सुनूँगा फिर उससे कहूँगा, 'कम आन, लूसी, अपनी नई गाड़ी में तुम्हें ड्राइव कराने ले चलता हूँ'–और वह कहेगी...''

वह इतना ही कह पाया था कि टैक्सी जुहू पर समन्दर के किनारे होटल जलतरंग के पास एक कॉलेज के सामने रुक गई। ड्राइवर उतरकर सूटकेस उतारते हुए बोला, ''साहब, इन बक्सों में क्या आपने पत्थर भर रखे हैं ?''

''पत्थर ही समझो, ड्राइवर ! मगर तुम उनकी फिक्र न करो, तुम यह लो,'' और यह कहकर उसने टैक्सीवाले के हाथ पर दस रुपए का नोट रख दिया।

''साहब, मेरे पास छुट्टा नहीं है।'' ड्राइवर अभी कह ही रहा था कि नौजवान फौरन बड़ी शान से बोला, ''कीप दि चेंज !'' फिर उसने अर्जुन से कहा, ''थैंक यू मिस्टर...।''

''अर्जुन...अर्जुन अरोड़ा...मगर तुम्हारा नाम क्या है, मिस्टर...?''

मेरा नाम ?...मेरा नाम है...मिस्टर...मिस्टर जोज़ेफ। गुड नाइट !'' और यह कहकर वह भारी सूटकेसों को उठा ही रहा था कि अन्दर से एक दुबली-पतली, साँवली-सी सोलह-सत्रह बरस की लड़की खुशी से चिल्लाती हुई आई, ''डैडी, माइक आ गया। डैडी माइक आ गया।''

जब वह दौड़ती हुई मोटर की रोशनी के करीब आई, तो अर्जुन ने देखा कि उस लड़की की बड़ी-बड़ी आँखें हैं और उन आँखों में उस नौजवान के लिए बड़ी मोहब्बत है, जिसने अपना नाम जोज़ेफ बतलाया था।

''रोज़ी, यह क्या बकवास है ? चलो अन्दर।'' एक सूटकेस उस नौजवान ने उठाया और दूसरा उस लड़की ने, हालाँकि सूटकेस बहुत बड़ा और बहुत भारी था और वह उस बोझ से लड़खड़ा रही थी। वे दोनों अन्दर चले गए।

''गुड नाइट !'' अर्जुन ने चिल्लाकर कहा और फिर ड्राइवर से बोला, ''चलो भाई जल्दी करो, मुझे बहुत दूर जाना है।''

टैक्सी होटल जलतरंग के पास से गुजर रही थी कि वहाँ डांस-बैंड की धुन

और एक पतली नाज़ुक-सी आवाज़ सुनाई दी, जो माइक्रोफ़ोन पर ट्विस्ट का एक नया गीत गा रही थी :

"ओह माई डियर—
कम हियर—
कम हियर—
माई डार्लिंग !"

अब ड्राइवर ने उससे कहा, "यह जवान बड़ा दिलवाला निकला, साहब। अपने को पूरा सात रुपए टिप दे दिया। मगर यह है कौन ?"

"मालूम नहीं कौन है, मगर एक बात मालूम हो गई—वह जो भी है, उसका नाम जोज़ेफ नहीं, माइक है।"

"हैलो, माइक !"

"हैलो, अंकल !"

"दिल्ली से आ गए ?"

"यस, अंकल !"

"सब सामान ले आए ?"

"यस, अंकल।"

"एम्बैसी में सब ठीक है, न ?"

"एकदम फर्स्ट क्लास, अंकल !"

"रास्ते में कोई गड़बड़ तो नहीं हुई ?"

"नो अंकल। एवरी थिंग नारमल।"

"गुड। सूटकेस खोलो।"

माइक ने सूटकेस खोले। ऊपर पुराने कपड़े, मोज़े, जूते और उनके नीचे ह्विस्की की बोतलें, ब्रांडी की बोतलें, जिन की बोतलें—शैम्पेन की बोतलें !

अंकल एक पुराना ड्रेसिंग गाउन पहने हुए था और उसकी खिचड़ी मूँछें सिगार के धुएँ से पीली पड़ चुकी थीं। अब भी वह एक बदबूदार सिगार पी रहा था और उसके गहरे साँवले चेहरे पर झुर्रियों के साथ एक अजीब गहरी मायूसी छाई हुई थी। मगर उन बोतलों को देखते ही उसकी बटन जैसी छोटी-छोटी धँसी हुई आँखों में चिनगारियाँ सी भड़क उठीं और उसकी झुर्रियाँ मुस्कराहट की लकीरों में तब्दील हो गईं।

"गुड ब्वॉय। वेल डन। यह लो।"

"बस तीस रुपए ?" माइक ने नोट हाथ में लेते हुए उनको ऐसी घृणा से देखा, मानो वे तीस रुपए न हों, तीस नए पैसे हों।

"और क्या चाहिए, तीस हज़ार ?"

"देनेवाले तीस हज़ार भी दे सकते हैं, अंकल।" और सीटी बजाते हुए उसने गले से मफ़लर उतारकर खूँटी पर लटका दिया।

"ऊँह।" अंकल ने माइक की तरफ़ हुंकारा और फिर आवाज़ दी, "रोज़ी।"

"यस, डैडी।" वही दुबली-सी साँवली-सी सपाट सीनेवाली लड़की दौड़ती हुई आई। उसका नाम रोज़ी अवश्य था, मगर वह एक ऐसा गुलाब थी, जो खिलने से पहले मुरझा गया था। "तुम्हारे लिए चाय बनाऊँ माइक ?" उसने पतली मूँछोंवाले जवान को पुकारा, जो कोने में लगे हुए वाश बेसिन पर मुँह धो रहा था।

"नौ थैंक यू, रोज़ी ! यह चाय का वक्त नहीं है।" उसने बेदिली से जवाब दिया और रोज़ी की तरफ़ देखा भी नहीं।

"रोज़ी, चाय का पानी तैयार है ?"

"यस, डैडी।"

"छलनी में छाना है, न ?" कोई पत्ती तो नहीं रह गई ?"

"नो, डैडी।"

"गुड गर्ल ! अब ये बोतलें उठाकर मेरे कमरे में ले जाओ और इंजैक्शन की सिरिंज निकालकर रखो।"

"यस, डैडी।" मगर रोज़ी की बड़ी-बड़ी काली आँखें बराबर माइक की तरफ़ जमी हुई थीं जो अब तौलिये से मुँह पोंछ रहा था।

रोज़ी बोतलें उठाकर दूसरे कमरे में ले गई, तो अंकल ने कहा, "माइक, आज छह बोतलें कारमाइकेल रोड पहुँचानी हैं। टैक्सी कर लेना, किराए के पन्द्रह रुपए ऊपर मिलेंगे।"

"पन्द्रह रुपए ?" माइक ने हिकारत से दोहराया।

"पन्द्रह रुपए कम होते हैं, यू फूल ?" अंकल ने चिल्लाकर कहा, "यहाँ से कारमाइकेल रोड तक टैक्सी में जाने के लिए ? तेरा बाप दिन-भर मछली पकड़ता है, तब चार-पाँच रुपए कमाता है। और भूल गया, जिस गैराज में तू मेकैनिक था, वहाँ तुझे क्या मिलता था ? महीने पीछे एक सौ बीस रुपए। और

मैं तुझे हर तीसरे दिन हवाई जहाज़ में दिल्ली भेजता हूँ, हर बार तीस-तीस, चालीस-चालीस रुपए देता हूँ। ऊपर पन्द्रह-बीस रुपए कमाने का चांस देता हूँ और तू 'ना' बोलता है..."

मगर माइक पर इस लैक्चर का कोई असर नहीं हुआ। उसने अंकल की आँखों में आँखें डालकर कहा, "सॉरी अंकल, मैं नहीं जा सकता। आई हैव ए डेट विद लूसी—मुझे लूसी से मिलना है।"

"लूसी ! माई डियर ब्वॉय, उस गोल्ड डिग्गर—दौलत की लोभी लड़की के पीछे क्यों अपना वक़्त खराब करते हो ? उसके पीछे तो कितने ही प्रिंस और लखपति बिज़नेसमैन घूम रहे हैं। वह तो तेरी तरफ़ देखेगी भी नहीं।"

"देखा जाएगा, अंकल, देखा जाएगा।" यह कहकर उसने कमीज़ उतारकर वहीं कपड़े बदलने शुरू कर दिए और अंकल हुंकारता हुआ अपने कमरे में चला गया।

सीटी बजाते हुए माइक टाई की गाँठ बाँध रहा था कि रोज़ी वापस आ गई। अब वह मैले फ्राक के बजाय एक धुली हुई गुलाबी फूलोंवाली छींट का फ्रॉक पहने थी और उसके सीधे कंघी किए बालों में एक गुलाबी रिबन लगा हुआ था।

"माइक।"

"यस।"

"लुक एट मी। मेरी तरफ़ देखो न, मैं कैसी लगती हूँ ?"

माइक ने कोट पहनते हुए घूमकर देखा और कहा, "बहुत अच्छी लगती हो, रोज़ी। क्यों, कहीं जा रही हो। हैव यू गॉट ए डेट ?"

"हाँ, माइक। तुम्हारे साथ।"

"मगर मैं तो जलतरंग होटल में जा रहा हूँ।"

"मुझे भी ले चलो, न माइक ! मैं तुम्हारे साथ डांस करना चाहती हूँ। माइक, प्लीज़।" उसकी जुबान पर इल्तिजा थी और उसकी बड़ी-बड़ी काली आँखों में निराशा के आँसू थे।

"रोज़ी, आई एम सॉरी, मुझे माफ़ करो, मुझे लूसी से मिलना है।"

और यह कहते हुए वह बाहर निकल गया।

रोज़ी उसको रोकने के लिए दरवाज़े तक दौड़ी, मगर माइक जा चुका था। बाहर सिर्फ़ सन्नाटा था और अँधेरा तथा समन्दर की लहरों का शोर, जो एक बेदर्द साहिल पर अपना सर पटक रही थीं।

कारमाइकेल रोड पर नई बनी हुई गुलिस्तान बिल्डिंग की सातवीं मंज़िल पर जम्बू पटेल का पूरा फ़्लैट एयर-कंडीशंड है। इसलिए बन्द दरवाज़ों में से समन्दर की लहरों का शोर अन्दर नहीं आ सकता है। मगर बड़े-बड़े शीशों की खिड़कियों में से हर तरफ़ शहर की रोशनियाँ फैली हुई नज़र आती हैं।

"लुक माई डियर।" ग्लोरी एडवर्टाइजर्स के टोटोलाल काका ने इस बहाने से मेमी मुनीर भाई के स्लीवलेस ब्लाउज़ से निकलते हुए गदराए हुए बाज़ू को छूते हुए कहा, "इस खिड़की से कितना सुन्दर नज़ारा नज़र आता है। बाएँ हाथ को महालक्ष्मी का मन्दिर है, जिसके कलश पर लाइट लगी हुई है। और उससे आगे ही समन्दर से घिरा हुआ हाजी अली का मज़ार है।"

"नेशनल इंटीग्रेशन," एक आवाज़ उनके पीछे से सुनाई दी। उन्होंने चौंककर मुड़कर देखा, तो गंजा चाचा चुन्नीलाल ह्विस्की का गिलास हाथ में लिए खड़ा था। चाचा चुन्नीलाल किसी ज़माने में वामपन्थी राजनीतिक संस्थाओं से सम्बन्ध रखता था, मगर अब वह स्टॉक एक्सचेंज में शेयरों की दलाली करता है। मगर अब भी हर पार्टी में ह्विस्की के चौथे पेग के बाद वह शुद्ध प्रगतिशील अन्दाज में बातचीत करता है।

"राष्ट्रीय एकता की सबसे अच्छी और रोशन मिसाल क्या हो सकती है। एक तरफ़ मन्दिर है, दूसरी तरफ़ मस्ज़िद है, मज़ार है। उससे आगे बढ़िए, तो महालक्ष्मी मन्दिर यानी महालक्ष्मी का रेसकोर्स। उसके पीछे जो रोशनियाँ आपको नज़र आ रही हैं वे कपड़े की मिलें हैं, जो इस वक्त—रात को भी चल रही हैं, जहाँ इतना नफीस और महँगा कपड़ा बनाया जाता है कि जिसे खुद उसे बनानेवाले मज़दूर नहीं खरीद सकते और इन मिलों के पीछे पटेल की वे चालें हैं, जहाँ इस फ़्लैट के बाथरूम से भी छोटी-छोटी खोलियों में इन मज़दूरों की बीवियाँ अपने शौहरों का रात की 'पाली' से लौटने का इन्तज़ार कर रही हैं। और उधर रेसकोर्स से दूसरी तरफ़ गन्दे नाले के किनारे वे झोंपड़ियाँ हैं, जो बीसवीं सदी में भी हमें उस पुराने युग की याद दिलाती हैं, जब इंसान ने ईंट-पत्थर, सीमेन्ट-लकड़ी और लोहे के घर बनाना नहीं सीखा था। मगर यह सब इस एयरकंडीशंड फ़्लैट के बाहर है। यहाँ शीशे की इन बन्द खिड़कियों के पीछे न मस्ज़िद की आवाज़ सुनी जा सकती है, न मन्दिर की आरती और न मिलों की गड़गड़ाहट और न फूलों से महके हुए इस फ़्लैट से उस गन्दे नाले की बदबू आ सकती है। हम सुरक्षित हैं माई डियर, एकदम सुरक्षित। संसार

की हर बला और बदबू से सुरक्षित हैं।...आओ, यह जाम इस सिक्योरिटी के नाम पर पिएँ। जल्दी पियो, क्योंकि हमारे बचाव के लिए सिर्फ शीशे की ये दीवारें हैं और कौन जानता है कि कब दीवाने अपने पत्थरों से इस काँच के किले को तोड़ डालें। हियर इज़ टु योर...मगर गए कहाँ तुम लोग ?''

और अब चाचा चुन्नीलाल ने देखा कि टोटो और मेमी दोनों मौका पाकर वहाँ से खिसक गए हैं। और वह खिड़की के सामने अकेला खड़ा अपना भाषण देता रहा, ''अच्छा, तो हम अकेले ही तुम्हारा जामे-सेहत पीते हैं।'' और पाँचवाँ पेग भी हलक में उंड़ेल दिया गया।

''सर।'' एक मीठी, सुरीली-सी आवाज़ आई।

पाँच पेग ह्विस्की के गुलाबी धुँधलके में से चाचा चुन्नीलाल ने देखा, एक विदेशी जवान औरत उसकी तरफ़ आ रही है।

''क्या मैं अपना परिचय करा सकती हूँ ? मैं कैरोल स्मिथ हूँ, मिसेज़ कैरोल स्मिथ ! कल ही अमरीका से आई हूँ। मिस्टर पटेल से मेरी मुलाक़ात न्यूयार्क में हुई थी, जहाँ वह अपने नए होटल के लिए सामान खरीदने गए थे। उन्होंने मुझे इस हाउस वार्मिंग पार्टी में बुला तो लिया है, मगर वह और मिसेज़ पटेल गृह-प्रवेश में इतने व्यस्त हैं और वहाँ इतनी भीड़ है कि अभी तक किसी ने किसी से परिचय तक नहीं कराया।''

चाचा चुन्नीलाल ने अपने चेहरे पर गम्भीर मुस्कराहट बिखेरते हुए जवाब दिया, ''माई डियर मिसेज़ स्मिथ, यह काम मैं बड़ी खुशी से कर सकता हूँ। पहले तो अपना परिचय करा दूँ। मैं हूँ चुन्नीलाल। सब मुझे चाचा चुन्नीलाल कहते हैं।''

''तो आप चा-चा डांस बहुत अच्छा करते होंगे ?''

''नो, माई डियर ! वह 'चा-चा' नहीं। हिन्दुस्तानी में चा-चा अंकल को कहते हैं। तुम भी मुझे अंकल कह सकती हो।''

''थैंक यू, अंकल ! मुझे बताइए, ये लोग, जो यहाँ इकट्ठे हैं, कौन-कौन हैं ?''

''ओ के, माई डियर ! अपने मेजवान को तो तुम जानती ही हो। उसका असली नाम जसवन्त है, मगर उसके मोटापे की वजह से उसके सब दोस्त उसे जम्बू कहते हैं। यह फ़्लैट उसने अभी ख़रीदा है, डेढ़ लाख का, जिसमें से पचास हज़ार ब्लैक दिए गए हैं। यह पार्टी इसी खुशी में दी जा रही है। अच्छा, तो जम्बू

और उसकी बीबी शम्मी पटेल को तो तुम जानती ही हो। वह लम्बा-गोरा और तगड़ा आदमी, जो उनसे बात कर रहा है, लालूमल ललवानी बिल्डिंग कंट्रैक्टर है, जिसने यह बिल्डिंग बनवाई है और जिसकी जेब में ब्लैक की वह पचास हज़ार रुपए की रकम गई है। इसलिए आज उसके चेहरे पर इतनी रौनक है। उसके साथ जो छोटे-से कद की साँवली-सी लड़की शैम्पेन पी रही है, वह फीफ़ी फटकरिया है, जो औरतों की मासिक पत्रिका 'महारानी' की असिस्टेंट एडीटर है, और कहा जाता है, ललवानी ने उसके लिए भी एक फ़्लैट बनवाया, मगर उसकी क़ीमत का हिसाब कितना दिल ही दिल में हो रहा है। इनके पीछे बार का सहारा लिए जो लोग खड़े हैं, उनमें वह जो काले बालोंवाली खूबसूरत-सी लड़की है, वह छोटा शामपुर की महारानी शीलादेवी है, जो एक खूबसूरत विधवा है, जिसकी बेटी की शादी पिछले बरस हुई है। मगर वह हर तीसरे बरस तुम्हारे देश अमरीका जाती है और वहाँ 'फ़ेस लिफ़्टिंग' करनेवाले डॉक्टर न जाने क्या जादू करते हैं कि वह पहले से भी जवान और खूबसूरत होकर लौट आती है। उससे भूरे बालोंवाला जो नौजवान बात कर रहा है, वह एक अंग्रेज़ फ़िल्म डायरेक्टर है, जो महारानी पर बुरी तरह आशिक है और हर महीने उससे शादी 'प्रोपोज़' करता रहता है और उसके बराबर में जो घुँघराले बालोंवाला नौजवान है, वह कोई नौजवान नहीं है, पचपन बरस का फ़िल्म एक्टर सुन्दर कुमार है, जो मेरी ही तरह गंजा है। उसके घुँघराले बाल असली नहीं हैं—नकली बालों की 'विग' है, जिसमें रोज़ एक हेयर-ड्रेसर पाँच क्लिप लगाकर 'कर्ल' बनाती है। और इसके बराबर है...''

मगर अभी चाचा चुन्नीलाल यहीं तक पहुँचे थे कि बार की तरफ़ से एक आवाज़ आई, ''लेडीज एंड जेंटलमेन, ह्विस्की खल्लास। अब आप लोग रेफ्रिज़रेटर का ठंडा पानी पी सकते हैं।''

''शेम-शेम।'' चारों तरफ़ से आवाज़ें आईं। और जम्बू पटेल दौड़ता हुआ बार की तरफ़ गया। उसका चेहरा शर्म और गुस्से और छह पेग ह्विस्की के नशे से लाल हो रहा था। ''टीटो, तुम क्या बक रहे हो ? मैंने पूरी दर्जन-भर बोतलों का इन्तज़ाम किया था।''

''माई डियर जम्बू, बारह बोतलें ह्विस्की की ज़रूर यहाँ थीं। दो बोतलें जिन की, एक ब्रांडी की और तीन बोतलें शैम्पेन की भी थीं, मगर सब खत्म हो

गईं। मेहमान तुमने ज़्यादा बुला लिए इसलिए शराब कम पड़ गई। कोई बात नहीं है, मैं अपने बूटलेगर को फ़ोन कर देता हूँ।....उसके यहाँ अपना क्रेडिट खाता चलता है।''

''टीटो, तुम मेरी इंसल्ट करना चाहते हो। मगर यह कभी नहीं हो सकता। मैंने स्कॉच की छह एक्स्ट्रा बोतलों के लिए पहले से कह रखा है। उसने कहा है कि आज ही दिल्ली के ईवनिंग प्लेन से स्टॉक आनेवाला है।''

सुन्दर कुमार ने अपनी 'विग' के नकली बालों को एक फ़िल्म-स्टारी अन्दाज़ का झटका देते हुए कहा, ''जम्बू डार्लिंग, तुम्हारा दिल्ली का प्लेन थोड़ा लेट हो गया है।''

इस पर एक ज़ोर का कहकहा पड़ा।

मगर टिनू टीकमदास ने कहा, ''प्लेन को क्यों दोष देते हो यार। उसी ईवनिंग प्लेन से तो मैं दिल्ली से आया हूँ। हाँ, इस प्लेन में एक बुड्ढ़ा हार्ट फेल होकर मर गया। कहीं वही तो जम्बू का बूटलेगर नहीं था ?''

एक बार फिर सब को हँसी का दौरा पड़ा।

और अब चाचा चुन्नीलाल ने फिकरा कसा, ''जम्बू प्यारे, ह्विस्की विदाउट सोडा, नहीं तो सोडा विदाउट ह्विस्की ही पिला दो ! प्यास के मारे दम निकला जा रहा है।

इस पर और भी ज़ोर का कहकहा पड़ा। और हर तरफ़ से जम्बू पर बौछार होने लगी, ''शराबबन्दी का नाम सुना था, मगर देखा आज है।''

''गवर्नमेंट को चाहिए जम्बू को प्रोहिबिशन पुलिस का इंचार्ज बना दे।''

''पहले अनाज की राशनिंग थी, फिर दूध की राशनिंग हुई। अब जम्बू ने ह्विस्की की राशनिंग भी कर दी।''

जम्बू गुस्से के मारे काँप रहा था। मगर उससे कोई जवाब न बन पड़ रहा था। आखिर उसकी बीवी ने कहा, ''डार्लिंग, अपने बूटलेगर को फ़ोन तो करो। आखिर इतनी देर कैसे हो गई ?''

जम्बू दौड़कर फ़ोन के सामने गया। काँपती हुई उँगलियों से नम्बर मिलाया, ''हलो, अंकल डिसूजा, मैं जम्बू बोल रहा हूँ। कहाँ हैं वे छह बोतलें ह्विस्की की ? तुम्हारी वजह से आज मेरी सख़्त इंसल्ट हुई।...तुम्हारा भतीजा चला गया, तो मैं क्या करूँ ?...तुम्हें खुद आना चाहिए था या किसी और को भेजते।...क्या कहा ? बोतलें भेजी हैं।...अब पहुँचती ही होंगी।...ओ-के–थैंक

गॉड।'' उसने फ़ोन रखा ही था कि दरवाज़े की घंटी बजी।

नौकर से पहले जम्बू खुद वहाँ पहुँचा। दरवाज़ा खोला, तो देखा कि एक दुबली-सी, साँवली-सी सपाट सीने की लड़की, गुलाबी फूलदार फ्रॉक पहने खड़ी है और उसके हाथ में केनवस का एक बैग है।

''सर, मिस्टर पटेल का फ़्लैट यही है न ? मुझे अंकल डिसूज़ा ने...मेरा मतलब है, डैडी ने...''

वह इतना ही कह पाई थी कि जम्बू ने उसे थैले सहित भीतर घसीट लिया और घसीटता हुआ हॉल में ले गया।

''लेडीज़ एंड जेंटलमैन ! ह्विस्की आ गई है और अंकल डिसूज़ा ने खुद अपनी बेटी के हाथ भेजी है। थ्री चियर्ज़ फ़ार मिस...मिस...''

''रोज़ी !''

''थ्री चियर्ज़ फ़ार रोज़ी डिसूज़ा।''

''हिप-हिप...''

'हुर्रा।''

चाचा चुन्नीलाल ने रोज़ी को सिर से पैर तक अपनी नशीली आँखों से देखा और फिर बेतकल्लुफी से उसकी गर्दन में हाथ डालते हुए कहा, ''रोज़ी, यू आर ए लाइफ़-सेवर ! तुमने हमारी जान और जम्बू की इज़्ज़त बचा ली।'' और यह कहकर उसको दबोचकर प्यार कर लिया।

और टोटो चिल्लाया, जैसे किसी बच्चे के हाथ में एक नया खिलौना आ गया हो, ''चाचा चुन्नीलाल, दैट इज़ ए गुड आइडिया।''

''सर...सर,'' रोज़ी हकलाती रही, मगर किसी ने उसकी नहीं सुनी।

एक तरफ़ ह्विस्की की बोतलें खुलती रहीं, गिलास भरे जाते रहे, सोडे से झाग उभरते रहे।

दूसरी तरफ़ हर शख़्स, रोज़ी को बारी-बारी, बेतकल्लुफी से चूमता रहा।

वे, जो घुड़दौड़ और रमी और फ्लश से उकता गए थे, उनके लिए यह एक नया खेल था।

किसी ने कहा, ''रोज़ी डार्लिंग को भी ह्विस्की पिलाओ।''

पहला गिलास किसी ने उसे ज़बर्दस्ती पिलाया। उसे ऐसा लगा, जैसे किसी ने उसका गला चाकू से चीर दिया हो। मगर अगले क्षण में उसका सारे शरीर में गरमी की एक अजीब लहर दौड़ गई।

दूसरा उसने बग़ैर ज़बर्दस्ती के पी लिया।

तीसरा गिलास उसने माँगकर पी लिया।

उसके बाद वह गिनती भूल गई।

किसी ने रेडियोग्राम पर रिकार्ड लगा दिया। अब सब नाच रहे थे।

रोज़ी को भी बारी-बारी से सबके साथ नाचना पड़ रहा था। उसका सिर घूम रहा था, सारी दुनिया घूम रही थी।

हॉल की सारी रोशनियाँ अब संगीत की लहरों पर नाच रही थीं।

ह्विस्की की सारी बोतलें नाच रही थीं।

रोज़ी की रगों में खून नाच रहा था, गा रहा था।

फिर न जाने कब और कैसे वह डांस फ़्लोर पर नहीं, बेडरूम में थी और ऐन उसके सिर के ऊपर छत में लगा हुआ एक बिजली का बल्ब घूम रहा था, नाच रहा था। फिर घूमता-घूमता वह बल्व बुझ गया। अब सिर्फ अँधेरा था और रात थी, और रात की मजबूत और सख्त बाँहें थीं, जो रोज़ी के शरीर को लोहे के एक शिकंजे में कस रही थीं। रोज़ी, जो इस बेहोशी में भी बुड़बुड़ाए जा रही थी, 'सर-सर' और ह्विस्की से डूबी एक साँस उसके होंठों के करीब-करीब आती जा रही थी...करीब और करीब...यहाँ तक कि उसका दम घुट गया और वह एक बरदाश्त के बाहर तकलीफ के अँधेरे समन्दर में डूब गई और उसकी चेतना की गहराइयों से सिर्फ एक शब्द निकला, "माइक।"

और एयरकंडीशंड फ़्लैट के बाहर समन्दर रात के संगदिल साहिल पर अपना सिर पटकता रहा, पटकता रहा।

समन्दर की लहरें भी होटल जलतरंग के डांस बैंड की धुन पर नाच रही थीं।

ओपन एयर डांस फ़्लोर पर जोड़े नाच रहे थे। और लोग चारों तरफ़ अपनी-अपनी मेज़ों के गिर्द बैठे चायदानियों में से ह्विस्की डालकर चाय की प्यालियों में पी रहे थे।

बाहर नारियल के पेड़ों के नीचे उनकी शानदार लम्बी-चौड़ी मोटरें खड़ी थीं।

"यह मोटर किसकी है ?" एक नीची लम्बी टू-सीटर रेसिंग कार की तरफ़ इशारा करते हुए माइक ने पूछा।

दरबान ने कहा, "यह मोटर नवाब साहिब चलनपुर की है।"

और दो मिनट बाद माइक नवाब साहब चलनपुर को अपना परिचय दे

रहा था, ‘‘आइ एम माइकेल डिसूज़ा, योर हाइनेस।’’

‘‘बैठिए, मिस्टर डिसूज़ा। मैं आपके लिए क्या कर सकता हूँ ?’’

‘‘क्या मुझे अपनी मोटर बेच सकते हैं ?’’

‘‘पागल हुए हो ! मैं अपनी मोटर क्यों बेचने लगा ?’’

‘‘तो मुझे अफ़सोस है।’’ और फिर वह चिल्लाया ‘‘ब्वॉय।’’ और अब बैरा भागा हुआ आया, ‘‘नवाब साहब का बिल लाओ, जल्दी।’’

‘‘देखो मिस्टर। तुम कौन हो ? और तुम्हें मेरा बिल देने की इजाज़त किसने दी ?’’

इतने में बैरा बिल लेकर आ गया। ‘‘साठ रुपए हुए हैं, साहब।’’

‘‘यह लो !’’ इससे पहले कि नवाब साहब उसे रोक सकते, माइक ने बटुवे में से हज़ार का नोट निकाला और ट्रे में फेंक दिया।

‘‘मगर सर, यह तो हज़ार का नोट है।’’

‘‘तो क्या हुआ ?’’

‘‘इसका चेंज इस वक़्त मिलना मुश्किल है, साहब। कोई छोटा नोट नहीं है ?’’

‘‘देखता हूँ,’’ और यह कहकर माइकेल ने लापरवाही से बटुआ खोला और उसमें से हज़ार-हज़ार के नोटों का पुलन्दा निकालकर मेज़ पर डाल दिया।

‘‘सॉरी, कोई छोटा नोट है ही नहीं। मगर कोई बात नहीं। मैं चेंज कल ले लूँगा। नोट तुम रखो।...अच्छा तो नवाब साहब, इजाज़त है।’’

‘‘बैठो मिस्टर डिसूज़ा।’’ अब नवाब साहब का लहज़ा बदल चुका था। ‘‘तुम मेरी मोटर क्यों खरीदना चाहते हो और वह भी यहाँ, इस वक़्त ?’’

‘‘यह मोहब्बत का मामला है, शायद आप नहीं समझेंगे। मगर मोटर मुझे चाहिए और इसी वक़्त। बोलिए, क्या लेंगे आप ?’’

‘‘भई, बीस हज़ार की तो मैंने ली थी।’’

‘‘तो लीजिए बीस हज़ार।’’

और उसने बीस नोट गिनकर सामने रख दिए। नवाब साहब ने वह मोटर सैकंडहैंड चौदह हज़ार की ली थी। मुस्कराकर उन्होंने नोट उठा लिए।

‘‘रसीद लिखिए कि मोटर की पूरी कीमत वसूल पाई।’’

नवाब साहब ने रसीद पर दस्तख़त कर दिए।

‘‘गुड नाइट, योर हाइनेस। थैंक यू।’’

‘‘थैंक यू, मिस्टर डिसूज़ा।’’ नवाब साहब ने नोट जेब में रखते हुए जवाब

दिया, "गुड नाइट।"

और उसी वक़्त बैंड की धुन बदली, डांस फ़्लोर खाली हो गया, रोशनी का दायरा लूसी पर पड़ा, जो माइक्रोफ़ोन के पास खड़ी थी। सारा होटल तालियों के शोर से गूँज उठा।

अनाउंसर ने कहा, "होटल बन्द होने से पहले मिस लूसी अपना आखिरी गीत पेश करेंगी।"

चारों तरफ़ से आवाज़ें आईं, "ओह माई डियर ! ओह माई डियर !"

लूसी ने मुस्कराकर अपनी सुरीली नखरेवाली आवाज़ में गाना शुरू किया।

वह सिर्फ़ ज़ुबान से ही नहीं, अपने कसे हुए शरीर के अंग-अंग से गाती थी; हाथों के इशारे से, आँखों की चितवनों से, सीने के उतार-चढ़ाव से, कूल्हों के मटकाव से !

ओह माई डियर !
ओह माई डियर !
कम हियर !
कम नियर !
ओह माई डार्लिंग...

यह गाना नहीं, एक इशारा था, एक दावत थी, एक वादा था। और जिस अदा से वह इसे गाती थी, सुननेवालों और देखनेवालों में हर एक को यह महसूस होता था कि यह गाना उसी के लिए—सिर्फ़ उसी के लिए—गाया जा रहा है।

और जब वह अपने ड्रेसिंग-रूम में पहुँची, तो वहाँ फूलों के आधा दर्जन गुलदस्ते और कार्ड मौजूद थे।

बड़ी बनावटी लापरवाही से उसने कार्ड उठाकर पढ़ने शुरू किए।

"नवाब साहब चलनपुर।"

"मिस्टर मूलचन्द जौहरी।"

"ठाकुर पूरनसिंह।"

"मिस्टर बोमनजी क्लाकवाला।"

"मिस्टर पीटर सैमसन।"

"मिस्टर माइकेल डिसूज़ा।"

आखिरी कार्ड पढ़कर वह बिगड़ गई और अपनी आया से बोली, "यह लोफ़र फिर आ गया यहाँ। किसने इजाज़त दी उसे ?"

"लूसी डार्लिंग।" अपनी आवाज़ के साथ ही माइक कमरे में घुस आया। उसके हाथ में ह्विस्की की दो बोतलें थीं, "मुझे तुम्हारे सिवा भला किसकी इजाज़त की जरूरत है। मैं तो तुम्हें तुम्हारे घर तक पहुँचाने के लिए आया हूँ। जुहू से बाइकला तक तुम अकेली कैसे जा सकती हो।"

"मैं टैक्सी में नहीं जाऊँगी। मैं आज नवाब साहब चलनपुर के साथ जाऊँगी।"

"तब तो टैक्सी में ही जाना पड़ेगा।"

"क्या मतलब ? नवाब साहब के पास तो बड़ी खूबसूरत मोटर है।"

"मतलब यह कि वह मोटर अब नवाब साहब की नहीं, मेरी है। आया, जाओ, सबसे कह दो, लूसी मेम साहब डिसूज़ा साहब के साथ जाएँगी। सब लोग ठंडे-ठंडे घर जाएँ। और यह लो, दो गिलास लाओ और सोडे की चार बोतलें।"

आया की आँखें फटी की फटी रह गईं। "सर-सर, यह तो हज़ार रुपए का नोट है।"

"तो क्या हुआ ? इस वक़्त तुम यही रखो। मेरे पास कोई छोटा नोट नहीं है।"

"माइकेल डार्लिंग," लूसी ने बड़ी मीठी आवाज़ में कहा, "यह सब तुम क्या कह रहे हो ? मेरा तो सिर घूम रहा है।"

जवाब में माइकेल ने उसके गाने के शब्द ही दोहरा दिए :

"ओह माई डियर !
कम हियर !
कम नियर !
कम नियर..."

अर्जुन ने दो बजे के करीब अपनी रिपोर्ट न्यूज़ एडीटर को दी, तो पूछा, "कहिए, शहर की क्या खबरें हैं ?"

न्यूज़ एडीटर ने लोकल न्यूज़ की रिपोर्टों पर नज़र डालते हुए जवाब दिया, "कोई खास खबर नहीं। सच पूछो, तो बम्बई में आजकल कोई सनसनी होती ही नहीं। एक तो बूढ़े की मौत की खबर है, जो हार्ट फेल होकर प्लेन में मर गया। वह रिपोर्ट तो तुमने लिखी है। सिवरी की झोंपड़ियों में एक शक्की

शौहर ने अपनी बीवी की नाक काट ली। परेल की एक मिल में नाइट शिफ़्ट में एक मज़दूर ऊँघ गया और उसका हाथ मशीन में आकर कट गया। और बस ! गवर्नर के सामने मिस रजनीवाला का डांस-ड्रामा 'शकुन्तला' हुआ। कृषि मन्त्री ने चेम्बर ऑफ़ कॉमर्स के वार्षिक डिनर में भाषण देते हुए अनाज के व्यापारियों की राष्ट्र-सेवा को सराहा। ताजमहल होटल में पिंजरापोल की सहायता के लिए एक फ़ैन्सी ड्रेस डांस हुआ। बस, और कुछ नहीं। रात को बम्बई में होता ही कुछ नहीं। बेजान शहर है—एक डैड सिटी।''

'डैड सिटी।' रोज़ी ने सोचा, 'शहर भी मर गया है। और मैं भी मर गई हूँ। ये सड़कों की रोशनियाँ नहीं हैं, उन भूतों की चमकती हुई आँखें हैं जो कब्रिस्तानों और श्मशानों में मँडराते रहते हैं।'

फुटपाथ पर चलते-चलते उसको ठोकर लगी। ठिठककर देखा, तो वह सहम गई। मीलों तक लाशों की कतारें लगी हुई थीं। मर्द, औरतें, बच्चे सब फुटपाथ पर पड़े हुए थे। निश्चल। बेजान। मुर्दा। न जाने किस जंगल में ये मारे गए थे कि आज तक बे-गोरो-कफ़न आसमान के नीचे पड़े थे। डरती-डरती वह इन सब लाशों के पास से गुज़रकर सड़क के बीच में आ गई।

एक मोटर आँखें चमकाती हुई उसकी तरफ़ आई और सन्न से उसके पास से गुज़र गई।

फिर पीछे से एक और कार हॉर्न की आवाज़ करती हुई आई और उसके इतने करीब से गुज़र गई कि रोज़ी को ऐसा महसूस हुआ कि वह हवा का झोंका उसकी रूह को भी उड़ाकर ले गया।

मगर अब सामने से क्या आ रहा था ? रोशनी की दो लम्बी उँगलियाँ थीं, जो सरदी की रात की धुन्ध को चीरती हुई आ रही थीं। 'नहीं-नहीं,' रोज़ी ने सोचा, 'ये मोटर की रोशनियाँ नहीं हैं। ये रात की नूरानी बाँहें हैं, जो मुझे अपनी नरम गोद में लेने के लिए आगे बढ़ रही हैं। इन बाँहों में ही मेरी ज़िन्दगी है, मेरी मौत है, मेरी मुक्ति है।' उसने अपने हाथ फैला दिए और उसी क्षण आकाश के सब चाँद-सितारे आपस में टकरा गए और सारी सृष्टि में उसके बिल्लौरी कण बिखर गए।

''ड्राइवर, टैक्सी रोको !''

टैक्सी हाजी अली के मोड़ से वरली की तरफ़ जा रही थी कि अर्जुन ने चिल्लाकर उसे रुकवाया। ब्रेक लगाते ही वह कूदा। न जाने क्यों उसको एकदम यह महसूस हो रहा था कि मोटर की इस दुर्घटना से खुद उसका भी

कोई गहरा सम्बन्ध है।

मोटर के शीशों की किरचें दूर तक सड़क पर फैली हुई थीं। मोटर सड़क छोड़कर फुटपाथ पर चढ़ गई थी और एक बिजली के खम्बे से गले मिल रही थी। दो पहिए ज़मीन पर थे और दो हवा में। एक पहिया अब भी घूम रहा था और उसमें लिथड़ा हुआ खून बूँद-बूँद करके फुटपाथ के पत्थरों पर गिर रहा था।

पास ही पुलिस का एक सिपाही पहरा दे रहा था।

"क्यों हवलदार, क्या हुआ ?"

"बारह आदमी मारे गए, साहब।"

"बारह ? इतनी छोटी-सी मोटर में बारह आदमी भरे हुए थे क्या ?"

"नहीं साहब, मोटर में तो सिर्फ दो थे—एक साहब, एक मेम। बड़ी सुन्दर मेम थी, साहब। इंस्पेक्टर साहब बोलते हैं, किसी होटल में गाती थी।"

अर्जुन ने कहा, "लूसी।"

"हाँ साहब, ऐसा ही नाम बोले थे। पर साहब एकदम पिए हुए था। साहब की जेबों में हज़ार-हज़ार के आठ नोट निकले। कोई बड़ा अमीर आदमी होगा।"

अर्जुन ने कहा, "जोजेफ़, असली नाम माइकेल।"

"आपको कैसे मालूम हुआ, साहब ?"

"हवलदार, कभी-कभी रात अपने भेद मेरे कान में फुसफुसा देती है।...मगर यह तो सिर्फ दो हुए—और कौन मारा गया ?"

"एक तो वह क्रिश्चियन छोकरी थी साहब, जो सड़क के बींचोबीच चल रही थी, मोटर की चपेट में आ गई।"

"कैसी थी वह छोकरी ?"

"बड़ी दुबली थी...।"

"साँवली-सी बड़ी-बड़ी आँखोंवाली..."

"हाँ साहब, मुश्किल से सोलह-सत्रह बरस की होगी। पर साहब, वह भी पिए हुए थी। उसी कमबख्त को बचाने के लिए साहब ने ब्रेक मारा होगा...।"

"साहब ने ब्रेक नहीं लगाया हवलदार, यही तो ज़िन्दगी की ट्रैजेडी है। मगर बाकी नौ आदमी कौन थे ?"

"एक पूरा खानदान था, साहब, जो फुटपाथ पर पड़ा सो रहा था।

माँ-बाप, सात बड़े-छोटे बच्चे। मोटर उनको पीसती हुई गुज़र गई, साहब। वह देखिए, अब तक उनका खून पड़ा है वहाँ।"

जिधर हवलदार ने इशारा किया, वहाँ म्युनिसिपैलिटी का एक आदमी पानी का नलका मारकर फुटपाथ को धो रहा था।

"क्यों भाई ! क्या पानी से यह खून धुल जाएगा ?"

"हाँ, साहब, खून है तो बहुत। दम लगेगा। पर धुल ही जाएगा।"

"मुश्किल है, मेरे दोस्त, बहुत मुश्किल है, यह खून पानी से नहीं धुल सकेगा।"

टैक्सी में बैठने लगा, तो अर्जुन ने देखा कि समन्दर उतार पर है और लहरें उस पथरीले साहिल पर सिर पटक-पटककर अब नाकाम लौट रही हैं।

"उषा, उठो।"

"क्या हुआ ?"

"कुछ नहीं, आहिस्ता बोलो, नहीं तो बच्चे उठ जाएँगे। किचन में चलो, मुझे भूख लगी है।"

गैस पर अंडे फ्राई होते हुए छुन-मुन छुन-मुन कर रहे थे। अर्जुन ने कहा, "उषा, याद है ? हमारी शादी की रात को तुमने मेहमानों के सामने शर्म के मारे कुछ नहीं खाया था और आधी रात को तुम्हें भूख लगी थी और हमने अंडे फ्राई करके खाए थे ?"

"मुझे तो सब कुछ याद है।"

"और चौपाटी पर जो चाट खाया करते थे ?"

उषा ने मुस्कराकर सिर हिला दिया।

"और बनारसी पानवाले के महोबे के पान ?"

उषा ने सिर हिलाकर कहा, "अब तो उनकी खूशबू ही याद रह गई है।"

"और मालाबार हिल पर वह बैंच, जहाँ हम बैठा करते थे ?"

उषा के गाल लाल हो गए। "अब क्यों ये बातें याद दिलाते हो ?"

"इसलिए कि कल से हम हर शाम को चौपाटी की चाट खाया करेंगे।"

"और महोबे के पान ?"

"हाँ, और महोबे के पान। और फिर मालाबार हिल पर घूमने जाया करेंगे।"

“और तुम्हारा दफ़्तर का काम ?”

“वह भी होता रहेगा ! मोहब्बत से बढ़कर कोई ज़रूरी काम नहीं उषा।”

“यह पुराना सबक किसने तुम्हें आज याद दिला दिया है ?”

“एक बूढ़े ने, जो साठ बरस तक बम्बई आना टालता रहा। और बम्बई पहुँचने से पाँच मिनट पहले हार्ट फेल होकर मर गया और बम्बई की रात न देख सका, हालाँकि उसकी जेब में तीस हज़ार रुपए थे।”

“और तुम्हारे पास क्या है ?” उषा ने मुस्कराकर पूछा।

“मेरे पास तीस रुपए हैं और...”

“और...?”

“तुम हो ?”

“फिर ?”

“मेरे पास आओ !”

“आ गई।”

“और करीब।”

“तुम तो काँप रहे हो। तुम्हारा दिल भी ज़ोर से धड़क रहा है।

“हाँ उषा, मुझे रात से डर लगता है। मुझे तो तुम अपनी बाँहों में ले लो !”

दिल्ली

ऐसा बेहूदा शहर है कि कोई बात कायदे से नहीं होती। दिन अभी बीत नहीं पाता कि अचानक रात हो जाती है।

रात कायदे से होती है, तो पहले ज़मीन-आसमान के रंग बदलते हैं। पानी की सतह पर रंगीन जालियाँ बुनी जाती हैं। हवा में झुटपुटे की आवाज़ें तैरती हैं, हल्की गहरी सुबहें उठती हैं। गिरजे, मन्दिर की घंटियाँ या मिल का भोंपू सुनाई देता है। दो चिड़ियाँ चहकती हैं, या चार मज़दूर मिलकर कोई गीत छेड़ देते हैं। और कुछ भी न हो, तो थोड़ी देर के लिए एक खामोश वक़्फा ही रहता है। मगर यहाँ...यहाँ दफ़्तर से निकलकर क्यू में सरकते हुए बस के अन्दर दाखिल नहीं हो पाते कि रात हो जाती है।

ज़्यादातर लोगों के लिए दिन के बीतने का बस यही एक सबूत है कि दफ़्तर बन्द हो जाते हैं। दफ़्तरों के बाद दुकानें बन्द हो जाती हैं। दुकानों के बाद एक-एक करके घरों के दरवाज़े बन्द हो जाते हैं। उसके बाद रात की ज़िन्दगी शुरू होती है—कुत्तों के भोंकने और पहरेदारों के आवाज लगाने से, 'जागते रहो।'

जागते रहो और करो-धरो कुछ नहीं। चारपाई पर पड़े-पड़े करवटें बदलो। कोई किताब (उधार माँगकर लाई हुई) पढ़ने के लिए उठाओ और तकिए के नीचे रख दो। रेडियो की सुई घुमाओ और बीवी को दफ़्तर के किस्से सुनाने लगो। पास के घर से लड़ाई-झगड़े की आवाज़ें सुनो और आसमान में सलीब बनाओ। एक बार चारपाई से उठकर टहलो, दो बार पानी पियो। फिर लेटकर हिसाब लगाओ कि दिन में कितना खर्च किया, कौन-कौन साला चाय और कॉफ़ी का चूना लगा गया। फिर प्रोग्राम बनाओ कि दूसरों को चूना लगाने के लिए क्या तिकड़म करनी चाहिए। आख़िर इस हक़ीकत तक पहुँचो कि लोग बहुत

कमीने हैं, उन्हें चूना नहीं लगाया जा सकता। फिर दूसरों के खर्राटों की आवाज़ पर खीझते हुए खुद खर्राटे भरने लगो।

नौ बजे भोंकना शुरू करके ज़्यादातर कुत्ते ग्यारह बजे तक खामोश हो जाते हैं, जो ज़्यादा वफादार हैं, या जिनकी कुतिया उन्हें रंडुआ छोड़ गई हैं, वे बारह-एक तक ओवर-टाइम भोंक लेते हैं। जब भोंकने की ताकत बिलकुल नहीं रह जाती, तो अपने-अपने सेहन में टाँगें पसार लेते हैं। कुछ देर लेटे-लेटे मध्यवर्ग की मज़बूरियों पर गुर्राते हैं, फिर टाँगें आसमान की तरफ़ उठाकर अकेलेपन की समस्या पर विचार करते हैं। सड़क पर ज़रा भी आहटें सुनाई देती है, तो कान खड़े करके सुनने लगते हैं। जब आइटें बिलकुल रुक जाती हैं, तो अपनी साँसें गिनते-गिनते सो जाते हैं।

मगर सब नहीं सो पाते। कुछ सारी-सारी रात जागकर रामलीला ग्राउंड में करवटें बदलते हैं। आठ बजे से ग्राउंड की हरी घास पर लोटना शुरू करते हैं, पर घास अपनी सारी ठंडक देकर भी उनके अन्दर की तपिश को नहीं मिटा पाती। वे बार-बार घास को घूँघते घाटते हैं, मिट्टी से अपनी थूथनी रगड़ते हैं और सूखी जीभ लपलपाते हुए हवा में दाँत गड़ाने की कोशिश करते हैं। मगर जब किसी भी तरह राहत नहीं मिलती, तो झुग्गियों की कतार के पीछे पुलनुमा चबूतरे पर चढ़ जाते हैं और वहाँ लेटे हुए अकेले लोगों के पैरों को नकुटाने लगते हैं।

"दुरे-दुरे !" अकेले लोगों की लम्बी कतार में से एक छब्बीस-अट्ठाईस साल का गबरू जवान जागकर उठ बैठता है। कुत्ते एक आजिज़ी की नज़र उस पर डालकर झुग्गियों की तरफ़ भाग जाते हैं। जवान उन्हें गाली देकर फिर से लेटने की तैयारी कर रहा होता है कि झुग्गियों की तरफ़ से आती हुई हवा औरत के जिस्म की गन्ध उस तक ले आती है। वह थोड़ा और सीधा होकर बैठ जाता है। उसके हाथ में फँसकर फटी हुई दरी का सूराख पहले से बड़ा हो जाता है। वह देर तक आसपास के अँधेरे को घूरता रहता है। पर गन्ध के अलावा कोई सूराख न पाकर नीचे के बनावटी टीलों और उनमें से बहकर जाते पानी की तरफ़ बेबसी से टाँगें पसार देता है।

तभी हवा में चूड़ी की हल्की छनक सुनाई दे जाती है।

उसके सिर के बाल खड़े हो जाते हैं। आँखें फटने को आ जाती हैं। नाक हवा की हर गन्ध को सूँघना ही नहीं, निगल लेना चाहती है। तुर्कमान गेट के बाहर कोई घोड़ा हिनहिना उठता है।

वह जेब से बीड़ी निकालता है और गुस्से से तीली को माचिस पर घिसने लगता है। दो बार, चार बार, छह बार घिसने पर भी सीली तीली जलने में नहीं आती। उसका मन होता है कि माचिस फेंककर बीड़ी को मसल दे और बाँस में फूँक देकर चूल्हा सुलगाते हुए गाड़ीवान के पास जाकर उसका बाँस छीन ले। फिर उस बाँस से सब कुत्तों और घोड़ों की वह पिटाई करे, वह पिटाई करे कि ज़िन्दगी-भर के लिए वे गुर्राना और हिनहिनाना भूल जाएँ। हरामज़ादे रात-भर जान को खुजलाते रहते हैं और नींद नहीं आने देते।

तभी झुग्गियों की तरफ़ से एक महीन आवाज़ कानों को सहला जाती है।

उसकी माचिस जल उठती है और पैर कस जाते हैं। बीड़ी के लम्बे-लम्बे कश खींचता हुआ वह दरी की सलवटें निकालने लगता है। महसूस करता है कि कानों के बहुत पास जो धौंकनी-सी आवाज़ सुनाई दे रही है, वह उसकी अपनी साँसों की है। वह आवाज़ से बचने के लिए पीछे पैडेस्टल से टेक लगा लेता है।

तुर्कमान गेट के बाहर भइया लोगों की मंडली कीर्तन शुरू कर देती है :

वृन्दावन चन्द भजो।
राधे गोविन्द भजो।
ओ वृन्दावन चन्द भजो।
राधे गोविन्द भजो।
वृन्दावन चन्द भजो

उसका ध्यान पैडेस्टल से बाहर निकली हुई दो सलाखों पर अटक जाता है। लगता है कि सलाखें आसमान के पेट में गुदगुदी कर रही हैं। थोड़ी देर में आसमान मारे गुदगुदी के हँस देगा और भइया लोगों की आवाज़ें उस हँसी में टूट जाएँगी। कैसा मज़ाक था कि पैडेस्टल की सलाखें बाहर निकालकर उनका बुत वहाँ से गायब कर दिया गया था। क्या वह बुत कहीं और पड़ा कुनमुना रहा था ? और सलाखें ? वे क्या रात-रात भर आसमान में उन पत्थर के पैरों को ही नहीं ढूँढ़ती थीं जो उनके लिए बने थे, पर उनसे उखाड़कर न

जाने किस तहखाने में बन्द कर दिए गए थे।

ओ वृन्दावन
चन्द भजो।
राधे
गोविन्द भजो।
वृन्दावन्न
चन्द्द भज्जो
राध्धे
गोबिन्द्द भज्जो।
वृन्दावन चन्द भजो
नन्द भजो नन्द भजो।
अचानक धूल उड़ने लगती है।

ईवनिंग न्यूज़ का एक फटा हुआ पन्ना दिल्ली गेट की तरफ़ उड़ चलता है : 'पुलाउ सेनांग द्वीप में बन्दियों का विद्रोह', 'रूसी-चीनी वार्ता गतिरोध की स्थिति में,' 'चीनी सेनाओं द्वारा भारतीय सीमा का अतिक्रमण...।'

फटा हुआ पन्ना उड़ता जाता है, उड़ता जाता है, जैसे कि धूल का बवंडर एक दुश्मन हो, जिससे किसी भी तरह वह अपने को बचा लेना चाहता हो। बवंडर को चीरती हुई दो रोशनियाँ तेज़ी से उसे पा लेती हैं और एक पहिया उसे कुचलकर सड़क के पिघले हुए कोलतार के साथ चिपका देता है। फटा हुआ पन्ना चीथड़े-चीथड़े होकर भी पंख फड़फड़ाता रहता है : 'भारत रक्षा कानून में फिलहाल संशोधन नहीं होगा...।'

पन्ने को कुचलकर निकली हुई गाड़ी तेज़ी से आसफअली रोड पार कर जाती है, फिर पागलों की तरह दिल्ली गेट के पास से रोड-आइलैंड का चक्कर काटकर वापस लौट पड़ती है। सड़क खाली नहीं है। स्कूटर हैं, ट्रक हैं, टैक्सियाँ हैं, साइकिलें हैं और पैदल चलते लोग हैं। मगर गाड़ी शराबियों की-सी चाल से, सबके दाएँ-बाएँ होकर आगे निकलती जाती है। पुरुष का एक हाथ स्टीयरिंग पर है, दूसरा साथ बैठी हुई युवती के कन्धे पर। एक्सेलेयेटर पर दबाव कम करके वह उसे चूमने के लिए उसके होंठों पर झुक जाता है। सहसा पीछे से तेज़ रोशनी दोनों पर आ पड़ती है और ज़ोर का हॉर्न बज उठता है। पुरुष सीधा होकर एक्सेलेयेटर को दबा देता है।

"डैम स्वाइन।"

"देखो, अब काफ़ी देर हो रही है।"

"सिर्फ़ साढ़े नौ बजे हैं।"

"मुझे ग्यारह तक वापस पहुँच जाना चाहिए।"

"क्यों ?"

"यूँ ही !"

"पर अभी तो...।"

"तो तुम भीड़ से बाहर क्यों नहीं निकल चलते ?"

"कोई जगह है भी जहाँ भीड़ न हो...।"

"जगहें बहुत-सी हैं।"

"जैसे ?"

"तुम नहीं जानते ?"

"ना।"

"यहाँ नए आए हो ?"

"दो महीने से हूँ।"

"धीरे-धीरे सब जान जाओगे।"

"कब तक ?"

वह फिर लड़की के होंठों पर झुक जाता है। पीछे से हॉर्न और ज़ोर से बज उठता है। कार कमला मार्केट के पास घूमकर अजमेरी गेट में दाखिल हो जाती है।

"यह किधर चले आए ?"

"जिधर हाथ घूम गया।"

हर चीज़ किसी चीज़ के पीछे दौड़ रही है। हर चीज़ किसी चीज़ से बचने के लिए परेशान है। हर चीज़ किसी दुर्घटना के साए में चल रही है। लग रहा है कि दुर्घटना सिर्फ़ एक फुट के फासले पर है। बचने के लिए ज़रूरी है कि जितना तेज़ हो सके, उतना तेज़ चला जाए। पैर, पैडल, एक्सेलेयेटर, जो जितना तेज़ चल सके। दुर्घटना सौ-सौ शक्लों में सामने से चली आती है। गधे की टाँगों से लिपटकर। भैंस के सींगों पर सवार होकर। हर पहियागाड़ी के पहियों में घूमती हुई। हर मोटर के अन्दर से हॉर्न देती है। हर साइकल के हैंडल पर से घंटी बजाती है। आगे-पीछे, दाएँ-बाएँ, हर तरफ़ सिर्फ़ एक फुट के फासले से लपकती आती है। ट्रिन-ट्रिन—गुर्र...गुर्र...हुआँ-हुआँ...।

"ओ मादर...क्यों बीमा कम्पनी का बेड़ा गर्क करने पर तुला है ?"

"तेरी माँ बहुत चाऊँ-चाऊँ कर रही है। अभी एक घूँसा दूँगा, तो तीन दिन नकसीर फूटती रहेगी।"

"सूअर के बच्चे ज़्यादा बक-बक मत कर, नहीं तो दोनों पहिए निकालकर गले में डाल दूँगा।"

"अबे जा, जाकर माँ की खैर मना। पता नहीं कितने पीर मनाकर लाई होगी।"

"तू क्या अपनी माँ को भूसे में पड़ा मिला था ?"

"ठहर जा, तेरी...।"

ट्रिन-ट्रिन...गुर्र-गुर्र...हुआँ-हुआँ...।

तेज़, तेज़ और तेज़। धीमे चलने से फासला एक फुट का भी नहीं रहेगा। रास्ता जहाँ से मिले, जिधर से मिले, निकल जाओ। और सोचो नहीं। सोचा नहीं कि फासला एक फुट से एक इंच और बस। बस्स। बिलकुल बस्स !

हर एक को जल्दी है। हर एक की गाड़ी छूटनेवाली है।

आसमान का रंग पीला पड़ने लगता है। लगता है कि आँधी उठकर अभी हर चीज़ की रफ़्तार को क़ैद कर लेगी।

पहिए और तेज़ घूमने लगते हैं। इससे पहले कि रास्ते धुँधले हो जाएँ, किसी न किसी तरफ़ से होकर निकल जाना चाहिए। कोई चोट खा जाए, या कुचल जाए, तो उसके लिए रुका नहीं जा सकता। पैडल ज़ोर से मारो। एक्सेलेयेटर ज़ोर से दबाओ। चाबुक ज़ोर से चलाओ। जो पैर, सामने आए, वह पैर कटने दो। जो पहिया सामने आए, वह पहिया तोड़ दो। जल्दी करो जल्दी, गाड़ी छूट जाएगी।

पीले आसमान को सफ़ेद करती हुई इंजन की भाप करवटें लेती है। गाड़ी छूटनेवाली है। इंजन के फौलादी जिस्म में छिपी हुई चीख हवा को चीर देने के लिए बेचैन है।

और गाड़ी के डिब्बों में बन्द भीड़ इन्तज़ार कर रही है। डिब्बों के बाहर प्लेटफॉर्म पर जमा भीड़ इन्तज़ार कर रही है। उससे हटकर एक भीड़ वेटिंग हॉल में है, बाहर अहाते में है, सड़क पर है, फुटपाथों पर है। यह सारी भीड़

इन्तज़ार कर रही है। सिग्नल मिलते ही गाड़ी चल देगी, भाप के गोले आसमान को दाग़ने लगेंगे...।

मगर अभी गाड़ी रुकी हुई है। चीख इंजन के फौलादी सीने में बन्द है। सिर्फ़ भाप के हल्के-हल्के गुंझुल हैं, जो आसमान से सर खुजला रहे हैं।

हर चीज़ पर गर्द की परतें जम गई हैं। हवा रुक रही है।

फुटपाथों पर खोमचेवालों ने खोमचे समेटकर बिस्तर बिछा लिए हैं। बिस्तर अर्थात् दरियाँ, चटाइयाँ, बाँहें और हाथ-पैर। हवा रुकने के साथ-साथ सबकी कमीज़ें, बनियानें उतरती जाती हैं। पसीने से लदे हुए कपड़े बरदाश्त नहीं होते। कपड़े उतर जाने पर पसीने से लदे हुए जिस्म बरदाश्त नहीं होते। मन होता है कि और कुछ हो, तो उसे भी उतार दिया जाए, खाल के अन्दर से पसीने से भीगे हुए अपने-आपको निकालकर बाहर फैला लिया जाए। सब-कुछ तरबतर है। गले की आवाज़, शरीर की भूख। किस तरह हो कि उन्हें भी निचोड़कर कहीं डाल दिया जाए...।

"बिशनदास।"

"हूँ।"

"यार, लगता है इस साल आसमान में पानी ही नहीं रहा।"

"सारा पानी अपने अन्दर जो समा गया है।"

"यार, लाहौर में थे, तो रात को खाट डालकर सो तो लेते थे।"

"लाहौर में दुकानदारी करते थे, यहाँ बादशाही करते हैं।"

"तुझे लाहौर की याद नहीं आती ?"

जवाब–खामोशी

"घर की याद नहीं आती ?"

जवाब–कुनमुनाहट।

"घरवाली और बाल-बच्चों की याद नहीं आती ?"

जवाब झुंझलाहट। "छोड़ यार, कोई और बात कर।"

"लोगों ने यहाँ आकर झोंपड़ी के महल बना लिए और अपन लोग...।"

"छोड़ न ! कहा न, कोई और बात कर।"

"वह हवेलीवाली दाई की लड़की थी न बनारसी...।"

"हूँ।"

"एक दिन उसे स्कूटर में किसी के साथ देखा था।"

"फिर ?"

"फिर कुछ नहीं। बस देखा था।"

आसमान स्याह और साफ़ है। उसकी पेशानी पर पसीने की बूँदें चमक रही हैं। सड़क के बीचोंबीच खुदी हुई नाली में से एक बिल्ली का बच्चा म्याऊँ-म्याऊँ कर उठता है। नाली से बाहर आकर एक बार साहस-भरी नज़र से इधर-उधर देखता है, फिर नाली में लोट जाता है।

एक आदमी उसे पानी देकर नाली के मलबे को ढककर आती हुई मोटर साइकिल पर से उतर पड़ता है। तख्ते पर से नाली पार करके वह सामने के क्वार्टर की कुंडी खटखटाता है।

"मौसी जी।"

दो बार और कुंडी खटखटाने पर दरवाज़ा खुलता है। एक झुँझलाई हुई आवाज़ सुनाई देती है, "कौन हैं आप ? किससे मिलना है ?"

"मौसी जी से मिलना है...।"

"किन मौसी जी से मिलना ? यहाँ कोई मौसी जी नहीं रहती।"

"इस मकान का नम्बर क्या है ?"

"आपको नम्बर से मतलब ?"

"यहाँ सात बटा इक्कीस में...।"

"सात बटा इक्कीस यह साथ में है। मौसियाँ-भांजियाँ सब उसी में रहती हैं।"

दरवाज़ा ज़ोर से बन्द हो जाता है। साथ ही बड़बड़ाहट सुनाई देती है, "चले आते हैं एक के बाद एक। मौसी जी से मिलना है।"

एक मिनट बाद चरमर की आवाज़ के साथ सात बटा इक्कीस का दरवाज़ा खुल जाता है।

"मौसी जी ?"

"आप कौन हैं ?"

"मैं...मैं...हूँ...मौसी जी को बुला दीजिए, वे मुझे जानती हैं।"

“वे घर पर नहीं हैं।”

“निर्मला जी ?”

“वे भी बाहर गई हैं।”

“शन्नो जी भी नहीं ?”

“वो सो रही हैं !”

“अच्छा मौसी जी आएँ तो कह दीजिएगा कि...मैं आया था।”

“कह दूँगा।”

“और उसी चरमर के साथ दरवाज़ा बन्द हो जाता है। मोटर साइकिल मलबे को ढाती हुई लौट चलती है और बिल्ली का बच्चा फिर ऊपर आकर इधर-उधर देखने लगता है। “म्याऊँ-म्याऊँ-म्याऊँ।”

फिलिप्स फॉर लाइट एंड म्यूज़िक–आसफअली रोड पर बना हुआ निऑन साइन एक नज़र पुरानी और एक नज़र नई दिल्ली की तरफ़ देख लेता है...।

फिलिप्सवाली आँख से उसे तुर्कमान गेट के अन्दर सड़क पर बिछी हुई चारपाइयाँ नज़र आती हैं और लाइट एंड म्यूज़िकवाली आँख से मिन्टो ब्रिज के उस पार की जगमगाहट, जिसके सामने उसे अपना-आप फीका लगता है। उसकी एक आँख हमदर्दी से उदास हो जाती है, दूसरी हीनभावना से।

दुकानें बन्द होने के साथ-साथ गेट के अन्दर चारपाइयों की संख्या बढ़ती जाती है। सड़क सड़क नहीं रहती, एक पुरानी हवेली का आँगन बन जाती है। एक चारपाई पर चार आदमी ताश खेलते हैं, दूसरी पर कुछ लोग राजनीति की खाल टटोलते हैं। घरों के अन्दर से दूध और पानी का गिलास वहीं चारपाइयों पर पहुँचा दिए जाते हैं, पान के बीड़े तीन-तीन चारपाइयाँ आगे तक पेश होते हैं। हलवाइयों और पनवाड़ियों की दुकानों के बाहर चार-चार, छह-छह के गिरोह रेडियो सुनते हैं, शेरो-शायरी करते हैं। कुछ घरों की नीची खिड़कियों से झाँकती हुई लड़कियाँ मुस्कराती रहती हैं। शेरो-शायरी के अर्थ समझ में न आएँ, आशय जरूर उनकी समझ में आ जाते हैं। ठस्-ठस्-ठस् की आवाज़ से सोडा और कोका कोला की बोतलें खुलती हैं और नमक-मिर्च मिलाकर, नीबू निचोड़कर घरों के अन्दर भेज दी जाती हैं। बाहर के लिए चोरी के कटोरों में अर्क़ क़ाज़वान में 'असली केसर-कस्तूरी' का रस मिलाया

जाता है। रस पीकर कुछ लोग बाँहों में बाँहें डाले, कानों में इत्र के फाहे दिए यहाँ से वहाँ झूमते फिरते हैं :

देख हमें आवाज़ न देना
ओ बेदर्द ज़माने

लगता है कि सब के सब हवेली के मेहमान हैं : ऐसे मेहमान जिन्हें कि अपनी देख-भाल खुद करनी होती है। हवेली का मालिक कोई नहीं है। कई सौ सालों से नहीं है। मेहमान आए हुए हैं और डटे हुए हैं। इन्तज़ार में हैं कि एक न एक दिन हवेली का कोई वारिस आएगा और आकर उनका हाल-चाल पूछेगा। उस दिन वे अपने सब शिकवे निकाल लेंगे। सब माँगें पूरी करवा लेंगे। पिछले सब खाते वसूल कर लेंगे।

ज़िन्दगी भर नहीं भूलेगी
यह बरसात की रात।
एक अनजान मुसाफिर से
मुलाक़ात की रात।

अपनी दुकान के ऊँचे थड़े पर चारपाई लगाकर लेटा हुआ एक अधेड़ आदमी बार-बार कुढ़कर गानेवालों की तरफ़ देखता है और मुँह में गाली देता है। फिर सोने की कोशिश करता है, फिर देखता है और फिर गाली देता है। नीचे सड़क पर बिछी चारपाई पर उसका लड़का भी बार-बार उसी तरह कुढ़ता है और मन में बाप को गाली देता है। बाप की तरफ़ से उसे नौ बजे सोने का हुक्म है जबकि उसका मन होता है कि वह भी अर्क़ क़ाज़वान पीकर बारह बजे तक सड़कों पर टहले और झूमनेवालों के साथ झूमता उसी तरह गाता फिरे :

रूठनेवाली मेरी बात से मायूस न हो,
बहके-बहके-से ख़यालात से मायूस न हो,
खत्म होगी न कभी तेरे-मेरे साथ की रात... ।

वह बार-बार आँखें झपकता और आवाज़ों की टोह लेता है। गाने की आवाज़ें दूर चली जाती हैं, तो सामने घर की बन्द खिड़की पर कान लगा लेता है। खिड़की के पीछे की हर आहट उसे किसी के पैरों की आवाज़ जान पड़ती है। वह देखता है और सोचता है कि अभी खिड़की खुलेगी, अभी खुलेगी। तो उसे लगता है कि खिड़की खुल गई है, और दो पतली-पतली कलाइयाँ सलाखों पर झुक आई हैं। ऊँघ का झोंका आता है। वह झटके से आँखें खोल लेता

है। निराश होकर देखता है कि खिड़की उसी तरह बन्द है। किवाड़ों के पीछे की आहटें भी रुक गई हैं। पर दूसरी बार ऊँघ आते ही आहट फिर सुनाई देती है, किवाड़ें फिर खुल जाती हैं, कलाइयाँ फिर झुक जाती हैं...।

और उसका बाप नींद में भी उसी तरह बड़बड़ाकर गालियाँ दिए जाता है।

फिलिप्सवाली आँख झपने लगती है, तब भी लाइट एंड म्यूज़िकवाली आँख खुली रहती है। गुर्राती हुई बसें और तड़पते हुए फटफटिया मिन्टो ब्रिज की तरफ़ भागते जाते हैं। आसफअली रोड और मिन्टो ब्रिज के बीच का बफ़र ज़ोन पार करते ही उसके पुर्जों की आवाज़ बदलने लगती है, चाल में फर्क आ जाता है। ओडियन और सिन्धिया हाउस पार करके रीगल पहुँचते-पहुँचते सारा संसार दूसरा हो जाता है।

अड्डे के सामने टी-हाउस की भीड़ छितरा रही होती है।

अन्दर ज़ोर का ठहाका लगता है, तो बाहर निकलते हुए एक वयोवृद्ध साहित्यकार ठिठक जाते हैं। पीछे मुड़कर देख लेते हैं कि हँसते हुए लोगों की नज़रें उनकी तरफ़ तो नहीं हैं।

जब तक पानवाले के पास पहुँचते हैं, अन्दर और ज़ोर का ठहाका लगता है।

''तभी कोई राह चलता उनसे पूछ लेता है, ''अरे आप ? टी-हाउस में ?''

''हाँ भाई ! सोचा कि नए ज़माने के लोगों के साथ भी थोड़ा उठना-बैठना चाहिए। ये लोग कहते हैं कि लिबरेशन ऑफ़ माइंड टी हाउस में आने से ही होता है।''

''अरे वाह ! आप और लिबरेशन ऑफ़ माइंड...।''

''सो तो है। पर हमने सोचा कि इसमें भी कुछ न कुछ मसाला तो ढूँढ़ा ही जा सकता है। तो हम इन लोगों के लिबरेशन ऑफ़ माइंड पर एक कहानी लिखना चाह रहे हैं। लिबरेशन ऑफ़ माइंड का माइने हैं फ़्री लव ! तो एक ऐसे आदमी की कहानी प्लान कर रहे हैं जो साहित्यकार हैं और जो फ़्री लव में विश्वास करता है। दो-दो पत्नियों को उसने छोड़ रखा है : और लिबरेशन ऑफ़ माइंड के लिए...।''

ठहाका अब दरवाज़े के पास आ जाता है और कुछ लोग हँसते हुए बाहर निकल आते हैं।

''अरे आप भी यहीं हैं ?''

"हम जा रहे थे, पर इन्होंने पकड़कर रोक लिया तो रुकने के सिवा कोई रास्ता नहीं रहा। अब यहाँ रुकना ही रास्ता है। वहाँ चलना और जाना रास्ते की रुकावट है। जब इन्होंने हमसे पूछा कि आप...।"

तभी किसी बात पर एक और ठहाका फूट पड़ता है। साहित्यकार का फिर से लिबरेशन ऑफ़ माइंड पर आने का मौक़ा ही नहीं मिलता।

"सिली !" गेलार्ड के एस्प्रेसो बार के बाहर खुली गाड़ी में कॉफ़ी पीती हुई महिला भौंहें चढ़ा लेती है। "कैसे गँवारों की तरह लोग हँसते हैं।"

"कॉफ़ी अच्छी है ?" उसका पति चिढ़कर पूछता है।

"एकदम कड़वी। रॉटन।"

"गरम तो है ?"

"नॉट मच।"

"तुम्हें कोई चीज़ पसन्द भी आती है ?"

"तुम इस तरह चिल्लाते क्यों हो ?"

"मैं चिल्लाता हूँ ?"

"और नहीं तो मैं चिल्लाती हूँ ?"

"किसी से पूछो कौन चिल्ला रहा है ? तुम्हारे सिर पर अचानक भूत क्यों सवार हो जाता है ?"

"भूत सवार हो जाता है या तुम सवार हो जाते हो ?"

"अच्छा, अब तुम कॉफ़ी खत्म करो और...।"

"मुझे नहीं पीनी है कॉफ़ी। यह लो, अन्दर वापस कर दो।"

कॉफ़ी वापस हो जाती है। गाड़ी चल देती है। ईवनिंग-इन-पेरिस में मिली-जुली पेट्रोल की गन्ध गुलाब और मोतिया की वेणियों पर बैठने लगती है। वेणियाँ बेचनेवाला लड़का एक हाथ में टोकरी सँभाले दूसरे हाथ से एक वेणी हिलाता हुआ भौंचक-सा गाड़ी की लालबत्ती को दूर जाते देखता रहता है। फिर खाली हवा में साँस खींचकर आवाज़ लगा देता है, "गुलाब मोतिया, मोतिया गुलाब।"

दूसरे शो की भीड़ सिनेमाघरों से निकलकर चली जाती है, तो चमकती हुई नई सड़कें रात-भर के लिए खामोश उदासी में डूब जाती हैं।

सिर्फ़ कहीं-कहीं आर्केस्ट्रा की धुन सुनाई देती है—घने जंगल में आदिवासियों

के संगीत की तरह। हरिणों और हरिणियों के जोड़े आवाज़ के उस जादू की तरफ़ खिंचे आते हैं। अँधेरे से उजाले में जमा भीड़ बढ़ जाती है। भरी हुई मेज़ों पर खाली प्यालियाँ नज़र आती हैं और चमकते हुए लकड़ी के फर्श पर थिरकते हुए पैर...।

ट्विस्ट-ट्विस्ट-ट्विस्ट...।

पैरों को ट्विस्ट करो। घुटनों और जाँघों को ट्विस्ट करो। कूल्हे, कमर और छातियों को ट्विस्ट करो। बाँहों, कन्धों, गरदन को ट्विस्ट करो...।

''यह लड़की... ?''

''...दूतावास में काम करती है।''

''और इसका पार्टनर... ?''

''इसे नहीं जानते ?...मिनिस्ट्री में अंडर-सेक्रेटरी है। विभाजन से पहले लाहौर में ट्रेड यूनियनिस्ट था। आजकल इसकी मिस्टर एक्स से बहुत दोस्ती है।''

''मिस्टर एक्स कौन ?''

''अख़बार नहीं पढ़ते ? मिस्टर एक्स जो दिल्ली का 'डॉक्टर वार्ड' है।''

''यू मीन...।''

''डॉक्टर वार्ड ऑफ़ कीलर एंड प्रोफ़्यूमो फ़ेम...।''

''आई सी।''

''तुम क्या लोगे ? समथिंग हॉट ? लाइक कीलर ?''

''नो। समथिंग कोल्ड। लाइक प्रोफ़्यूमो।''

खामोश सड़कों पर से कभी-कभी इक्का-दुक्का मोटरें और टैक्सियाँ गुज़र जाती हैं। किसी टैक्सी से फेंकी हुई बियर की एक खाली बोतल बिजली के खम्भे से आ टकराती है, ''तुम्हारी ड्राई डे की ऐसी की तैसी...।''

विमेन्ज़ होस्टल के लोहे के फाटक के बाहर एक महीन और कमज़ोर आवाज़ दस्तकें देती है : ''चौकीदार !...चौकीदार...।''

जवाब में सिर्फ सड़क के पेड़ पर पंखों की फड़फड़ाहट सुनाई देती है। महीन आवाज़ तेज़ हो जाती है।

''चौकीदार !...चौकीदार... !''

और हुमायूँ के मकबरे से उड़कर चिमगादड़ नई दिल्ली की तरफ इशारा करते हुए रोड साइन पर आ बैठता है।

श्रीनगर

छह हज़ार फुट की ऊँचाई पर पहाड़ी के प्याले में श्रीनगर यों लेटा है, जैसे एक दुधमुहाँ बच्चा माँ के सीने में लेटकर दूध पीता है।

शाम के धुँधलकों में खोया हुआ शहर धीरे-धीरे रात के अँधेरे की तरफ़ यों बढ़ता है, जैसे भारी बोझ से लदा हुआ जहाज़ धीरे-धीरे समुद्र से तट की ओर आता है।

रात के प्याले में कितनी ख्वाहिशों का खून है, कितनी आरज़ुओं की चमक है, कितनी मेहनतों का नमक है, कितने आँसुओं की नमी है, कितने हाथों की गरमी है। बूँद-बूँद करके दिन-भर की मशक्कत से कश्मीरी हाथों ने अन्धकार की इस द्रवित धारा को निचोड़ा है। कोई दम में श्रीनगर यह प्याला उठाकर पी जाएगा–अगले दिन की उम्मीद में। क्योंकि अगर अगले दिन की उम्मीद न हो, तो कोई शहर न बसे, कोई दरिया न बहे, कोई सूरज न निकले और अगला दिन भी न हो।

मैं डल झील के पास पैलेस होटल में हूँ। यह होटल कभी महल था और अब भी है। लेकिन इस महल में अब पुराने महाराजाओं की जगह नए महाराजे आकर रहते हैं–हिन्दुस्तान के नए शहज़ादे और विदेशों से आए हुए औद्योगिक युग के नवाब, जो रात को एक पार्टी में इतने रुपए खर्च कर देते हैं कि जिनसे श्रीनगर का एक पूरा मुहल्ला पल सकता है।

यह साहब तेल के बादशाह हैं। पुराना जमाना होता, तो लोग इन्हें तेली कहते और घर के दरवाज़े के बाहर रोक देते। लेकिन यह अब इस महलनुमा होटल में ठहर आए हैं और अपने शानदार सुइट में बैठे हुए पन्द्रह आदमियों को शैम्पेन पिला रहे हैं, क्योंकि टैक्सास में इनके बीस कुएँ हैं मिट्टी के तेल के और कल ही तार आया है कि अब इक्कीसवें कुएँ का पता लगा है, इनकी

मिल्कियत में इसलिए यह शैम्पेन पार्टी इस जोर-शोर से चल रही है और इनकी फ्रांसीसी महबूबा अपनी कुर्सी पर बैठे-बैठे डर के मारे काँप रही है, क्योंकि इन साहब का कायदा रहा है कि वह हर नए कुएँ की खोज पर एक नई महबूबा भी खोज लेते हैं। पुरानी कहावत थी : नेकी कर कुएँ में डाल। आज की कहावत यह है—नया कुआँ खोद और पुरानी महबूबा को उसमें डाल।

यह अमीर औरत कनाडा में ग्यारह पत्रिकाओं, दो दैनिक पत्रों और साप्ताहिक पत्रों की मालिक है। इस औरत के पास अक्ल नहीं है, एक फीता है, जिससे वह अपने पत्र-पत्रिकाओं की तसवीरें नापती रहती है। तसवीर जितनी बड़ी और रंगदार होंगी, पत्रिका उतना ही ज़्यादा बिकेगी, क्योंकि यह ज़माना तसवीरों का है और तसब्बर (कल्पना) का नहीं।

इसी फीते से यह अक्सर अपना जिस्म भी नापा करती है, ताकि सीना, कमर और कूल्हे का मीज़ान कहीं ग़लत न हो जाए। इसलिए यह औरत फीता लेकर हर वक्त अपने जिस्म से लड़ती है। नाश्ते से रात के खाने तक लड़ती रहती है।

किसी ज़माने में यह औरत खूबसूरत रही होगी। लेकिन अपने जिस्म से लड़-लड़कर इस औरत ने अपना प्राकृतिक सौन्दर्य खो दिया है। फीते के अनुसार सीने, कमर और कूल्हे का अनुपात अब भी ठीक है, लेकिन खूबसूरती गायब हो चुकी है। कहीं पर दिल के अन्दर इस औरत को यह बात मालूम हो चुकी है, लेकिन यह इस कटु सत्य का सामना नहीं करना चाहती है। और हर रोज़ फीता लेकर अपने जिस्म को नाप-नापकर अपने-आपको धोखा देती रही है। यह औरत बहुत अमीर है, अब तक पाँच पति बदल चुकी है। मगर फीते के सिवाय किसी की वफादार न रह सकी। श्रीनगर में यह अपने नौजवान नीग्रो बटलर को लेकर आई है हालाँकि उसके पत्र-पत्रिकाएँ सब के सब अपनी नीग्रो-दुश्मनी के लिए मशहूर है। इस वक्त यह अपने सजे हुए शयन-कक्ष में अपने पत्र-पत्रिकाओं के हर पाठक की नज़रों से दूर अपने नौजवान नीग्रो बटलर के साथ शराब पी रही है और उसके हृष्ट-पुष्ट और स्वस्थ शरीर को यों देख रही जैसे कसाई किसी पले हुए बकरे को देख-देखकर उसके गोश्त का अन्दाजा करता है। पुराने जमाने होते तो हम सब औरत को कसाई कहते, लेकिन आजकल नहीं कह सकते। क्योंकि यह औरत ग्यारह पत्रिकाओं, दो

दैनिक और पाँच साप्ताहिक पत्रों के भाग्य की मालिक है। थोड़ी देर में यह औरत अपने बटलर को लेकर डल के किनारे निकल जाएगी और झील की खूबसूरती को अपने फीते से नापेगी।

यह हज़रत नर्बदा पाटरीज़ के मालिक हैं। हिन्दुस्तान में चीनी के बर्तन बनाने की सबसे बड़ी फैक्टरी आपकी है। इनके प्याले, तश्तरियाँ, सुराहियाँ हर घर में पाई जाती हैं। अगर आपमें हिम्मत है, तो इन्हें कुम्हार कहकर देखिए ! खड़े-खड़े न चिनवा दें, तो मेरा ज़िम्मा। क्योंकि पुलिस से लेकर मन्त्रियों तक इनके दोस्त हैं और इन्हीं की चीनी की प्लेटों में इनका नमक खाते हैं। इन्होंने किसी से सुन लिया था कि कश्मीर की घाटी में एक खास तरह की मिट्टी पाई जाती है, जिससे चीनी के बर्तन बहुत उम्दा बन सकते हैं—नर्बदा पाटरीज़ से भी उम्दा ! इसलिए यह कोई डेढ़ महीने से पैलेस होटल में डेरा डाले हुए हैं और सरकार से डल झील सुखा देने की इजाज़त माँग रहे हैं। क्योंकि इनके इंजीनियरों ने कश्मीर की अलग-अलग घाटियों की मिट्टी को परखने के बाद इन्हें बताया है कि चीनी के बर्तन बनाने के लिए डल झील की तह की मिट्टी सबसे उम्दा है।

यह इस काम के लिए दो करोड़ रुपए खर्च कर देने को तैयार हैं और इनकी समझ में नहीं आता कि सरकार बराबर इनकार क्यों कर रही है ? इनकी निगाहों में डूबती हुई शाम के शफ़क़ई लहरिये नहीं हैं, पानी की सतह पर डोलते हुए गुलाबी कमल नहीं हैं और किसी चित्रकार की रची हुई कल्पना की तरह सजे हुए शिकारे नहीं हैं। यह बार-बार पैलेस होटल से भाग-भागकर डल झील के किनारे आते हैं और सीना पीट-पीटकर कहते हैं—हाय, यह डल झील की कीचड़ मुझे क्यों नहीं मिल सकती !

यह एक फ़िल्म प्रोड्यूसर है। अपनी पिछली फ़िल्म में उसने दार्जिलिंग को इस्तेमाल किया था और दस लाख रुपए कमाए थे। इस फ़िल्म में वह श्रीनगर को इस्तेमाल करेगा और पन्द्रह लाख कमाने का इरादा रखता है। श्रीनगर के दृश्य बहुत सुन्दर हैं; डल झील और चश्माशाही और निशात बाग और शालीमार और हार्बिन लेक। और वह सबको इस्तेमाल करेगा, एक पृष्ठभूमि

की तरह और अपनी हीरोइन के रूप को उजागर करेगा।

यह प्रोड्यूसर रूप बेचता है, मगर आप इसे रूप के बाज़ार का दलाल नहीं कह सकते, क्योंकि उसके बैंक में चालीस लाख नकद पड़ा है। उसके स्टूडियो में दो हज़ार आदमी काम करते हैं और उसके पास बिलकुल नए मॉडल की शेबरलेट गाड़ी है। ब्लैक से उसकी तिजोरियाँ भरी पड़ी हैं और सिर्फ़ ह्वाइट हौर्स वह पीता है।

और इस वक़्त उसकी समझ में नहीं आता कि श्रीनगर की इस जवान और हसीन रात में वह किस तरह अपनी फ़िल्म के हीरो को जुल देकर हीरोइन को अपने साथ लेकर इस चाँदनी रात में डल की सैर को निकल जाए। और हीरोइन अपनी जगह पर परेशान है। क्योंकि डल झील में दो द्वीप हैं—एक को कश्मीरी भाषा में सोने का द्वीप कहते हैं और दूसरे को चाँदी का द्वीप। और हीरोइन ने आज रात प्रोड्यूसर के साथ सोने के द्वीप पर जाने का वादा किया था और हीरो के साथ चाँदी के द्वीप पर। और अब वे दोनों उसे लेने आए हैं : एक तरफ़ फ़िल्म प्रोड्यूसर और दूसरी तरफ़ हीरो और हीरोइन बेचारी हैरान है। वह कभी सोने के द्वीप को देखती है, कभी चाँदी के द्वीप को और फैसला नहीं कर पाती कि वह आज की रात किसकी बाँहों में रहेगी।

इस तरह होटल के कितने ही कमरे हैं और सुदृढ़ हैं और लाउंज हैं, जिनमें कोई न कोई समस्या उलझी हुई है। कहने को ह्विस्की चल रही है, लेकिन अन्दर ही अन्दर कोई खींचातानी चल रही है और कोई फैसला नहीं कर सकता कि क्या हो, क्योंकि ये लोग कुछ गँवा नहीं सकते, कुछ खो नहीं सकते, किसी तरह अपने किसी नुकसान के लिए राजी नहीं किए जा सकते। कहने को ये लोग कश्मीर की सैर को आए हैं, लेकिन उनमें से बहुतों के लिए कश्मीर एक पृष्ठभूमि है, एक फीता है, कीचड़ है, सोने का एक द्वीप है। इसलिए ये लोग हर साल श्रीनगर में आते रहेंगे और श्रीनगर की रातों में रंगरेलियाँ मनाकर भी श्रीनगर की रात को नहीं देख सकेंगे, क्योंकि हर रोज़ श्रीनगर की रात की लैला अँधेरे का लबादा ओढ़कर निकलती है और सिर्फ़ वही उसकी नकाब उलटकर देख सकता है, जो अपने दिल की नकाब उलट सकता है।

इसलिए मैं घबराकर होटल से बाहर निकल आता हूँ और रात के सन्नाटे

में डल के फूलों को चाँदनी में नहाते हुए देखता हूँ।

बहुत दिन हुए, इस डल के पानी में एक अंग्रेज़ सिपाही ने आत्महत्या की थी, क्योंकि उसे अपने मेजर की लड़की से मुहब्बत थी। दोनों अंग्रेज़ थे, दोनों गोरे थे, दोनों शासक-वर्ग से सम्बन्ध रखते थे, फिर भी उनके आपस के सम्बन्ध को किसी ने मंज़िल तक पहुँचने न दिया। क्योंकि एक मेजर की लड़की थी दूसरा केवल एक सिपाही था, इसलिए यह शादी किसी तरह न हो सकी।

इसलिए कहनेवाले यह कहते हैं कि एक ऐसी ही चाँदनी रात में ये दोनों मुहब्बत के मारे एक शिकारे को खेते हुए डल झील में आए। कभी प्रेमिका नाव खेती थी और कभी प्रेमी गिटार पर विरह का गीत सुनाता था। कभी प्रेमी चप्पू चलाता था और प्रेमिका शिकारे के लाल गद्दों पर अपनी सेब की डालियों जैसी बाँहें टिकाए बड़े ध्यान से उसकी ओर देखती जाती थी। डल के बीच जाकर चप्पू छोड़ दिए गए और देर तक वे दोनों हवा की सरगोशियों की तरह एक-दूसरे से बातें करते रहे और मुहब्बत की खुशबू की तरह एक-दूसरे की साँस का आनन्द लेते रहे। और देर तक नीलोफर के फूल पानी के धरातल पर आँखें खोले सहम-सहमकर उन दोनों की तरफ़ देखते रहे, क्योंकि फूल मुहब्बत के सब अन्दाज जानते हैं और उसके हर अंजाम से वाकिफ होते हैं।

यकायक वे दोनों डोलती हुई नाव में फूलों के बीच आकर खड़े हुए। मेजर की लड़की ने आह भरकर अपनी दोनों बाँहें उस मामूली सिपाही की गरदन में डाल दीं। सिपाही ने उसे अपनी बाँहों में उठा लिया और डल के पानी में कूद पड़ा।

नाव ज़ोर से हिली और जब दोनों जिस्म गिरे, तो पानी की रुपहली सतह लाखों सितारों में टूट गई। और नीलोफर के फूल डूब गए, और थोड़ी देर के बाद फिर उभर आए। मगर वे दो फूल डूबकर न उभरे, जिनकी मुहब्बत को किसी ने फूल की तरह खिलने न दिया था।

दूसरे दिन मेजर ने डल में दूर-दूर तक तैराक और गोताख़ोर भेजे, लेकिन कोई उनकी लाशें ढूँढ़कर न ला सका।

और लोगों का ख़याल है कि वे दोनों प्रेमी अब भी ज़िन्दा हैं, सोने के द्वीप के किनारे, जहाँ बेदे-मजनूँ के पेड़ विधवाओं की तरह बाल खोले पानी पर झुके हुए रोते हैं, उनके आँसुओं की पनाह में पीली-पीली आँखोंवाले कमलों

के नीचे, गहरी लम्बी तह-दर-तह पानी की घास के नीचे सफेद-सफेद घोंघों के किसी महल में वे दोनों मुहब्बत करनेवाले दुनिया की नजरों से दूर आज भी कहीं रहते हैं।

और कहनेवाले कहते हैं कि भरी चाँदनी रात में जब सब सो जाते हैं, जब डल के किनारे कोई प्राणी नहीं घूमता, झील की तली से एक शिकारा निकलता है, जिसकी लकड़ी बेदे-मजनूँ की होती है, जिसके चप्पू कमल के फूलों के होते हैं और परदे पानी की घास की सब्ज़ लहरियों की तरह हवा में झूलते हैं। इस शिकारे में कोई अपनी अपलक खुली हुई आँखों से किसी को ताकता हुआ गिटार पर एक मद्धम अजनबी गीत गाता है और कोई सेब की डालियों ऐसी बाँहें शिकारे के गद्दों पर टिकाए बड़े ध्यान से उस गीत को सुनती जाती है और शिकारा आप ही आप निशात बाग़ की तरफ़ चलता जाता है।

बहुत-से लोगों ने इस नाव को देखा है और उस रात पैलेस होटल से निकलकर मैंने भी उस नाव को देखा। चाँदनी रात के गहन सन्नाटे में यह नाव मानो चाँद की किरणों से बुनी हुई मालूम देती है। मर्द की दोनों आँखें खुली थीं और दोनों चप्पू ठहरे हुए थे। औरत की दोनों आँखें अपने मर्द पर थीं और उसका दिशा बदलनेवाला चप्पू एक बच्चे की तरह उसकी गोद में था। और वे दोनों सुध-बुध भुलाकर एक-दूसरे की ओर देख रहे थे। और नाव आप ही आप पानी की लहरों पर डोलती हुई अमीराकदल की ओर चली जा रही थी। और नाव पर बहुत-सा सामान भरा पड़ा था—लकड़ियों और सब्ज़ी की टोकरियाँ, और कमल के फूल और एक बकरी जो बार-बार चाँद की तरफ़ मुँह करके खुशी से मिमियाती थी।

यकायक मर्द ने एक कश्मीरी गीत गाना शुरू किया :

जह कमियो सोनिया मया न भरम दिथ...
मुझे मालूम नहीं है,
मेरा रक़ीब कौन है,
जिसने तेरा चित्त मेरी ओर से हटा लिया है,
जिसकी वजह से तूने मुझसे निगाहें फेर ली हैं।

आवाज़ की लहक में एक अजब सवाल था। उसे महसूस करके यकायक कश्मीरी औरत ने अपनी निगाहें फेर लीं। शर्म से उसके गाल तमतमा गए और उसके कानों में पड़ी हुई चाँदी की बालियों के गुच्छे एक नरम-नाज़ुक जवाब

की तरह बज उठे। और मैंने हैरान होकर देखा, यह वह नाव तो नहीं है। ये तो वे लोग नहीं हैं। ये तो श्रीनगर के दो आम लोग हैं—दिन-भर की मेहनत से चूर होकर घर जाते हुए। इन लोगों को आत्महत्या कहाँ रास आएगी, क्योंकि ये लोग मिलकर मुहब्बत भी करते हैं और मेहनत भी करते हैं।

मैं बन्ध पर चल रहा हूँ।

मेरे साथ-साथ जेहलम चल रहा है।

हम दोनों मुसाफ़िर हैं और बहुत दूर से आए हैं। मैंने सोचा, जिस दिन मेरी माँ ने मुझे जन्म दिया था, उस दिन मैं बहुत कमज़ोर था।

जिस दिन चश्मा बेरीनाम ने जेहलम को जन्म दिया, वह भी बहुत कमज़ोर था।

मगर वह आगे चला और उसमें नदी-नाले आकर मिलते गए।

फिर हम दोनों ज़िन्दगी की चट्टानों पर पिघलते गए और परिस्थितियों की खाइयों में झरने बनकर गिरे। हमने खेतों को सींचा और फूलों की खुशबू सूँघी।

हमने शहरों का कूड़ा-करकट उठाया और उसका तेज़ाब अपने सीने में घोल लिया और मनुष्य की निराशा की तरह गँदले हो गए।

हमने लोगों के बीच पुल बाँधे और नावें चलाईं और पानी के हाथों से हाथ मिलाया और हम सारी दुनिया पर फैल गए।

जेहलम एक इंसान है।

इंसान एक दरिया है।

दोनों साथ-साथ चलते हैं और इन दोनों के साथ-साथ रात भी चलती है।

"बाबू !"

"क्या है ?" मैंने पूछा।

"असली लापुस-लाजूली की माला है, असली नीलम की अँगूठी है। असली जेड की ऐश-ट्रे है। असली मूनस्टोन की अँगूठी है।"

"हर चीज़ असली है और तुम उसे यों किनारे बैठे बेचते हो ?"

"हाँ !" बुड्ढे ने कहा, "ये अनमोल रतन, बाबू, मैं कौड़ियों के मोल

बेचता हूँ। इन्हें लद्दाख का एक लामा लाया था।''

''खूब ! ज़रा दिखाओ तो !''

बुड्ढ़े कश्मीरी पंडित ने अपनी चादर खोली।

जली हुई चाँदी की अँगूठी थी। नग घटिया किस्म के मूनस्टोन का था। राखदान का जेड भी घटिया था। लापुस-लाजूली भी तीसरे दरजे का था। मगर कारीगरी आला दरजे की थी। हर चीज़ तराशे हुए हीरे की तरह चमक रही थी। मुझे खासतौर पर अँगूठी पसन्द आई। इसलिए मैंने उसकी तरफ़ से निगाह हटा ली और दूसरी चीज़ों की कीमत पूछने लगा।

''यह जेड का राखदान कितने का है ?''

''एक सौ सत्तर रुपए।''

''हूँ ! और यह लापुस-लाजूली की माला ?''

''नब्बे रुपए।''

''हूँ ! और यह नीलम की अँगूठी ?''

''चार सौ।''

''और यह ?''...यह जली हुई चाँदी की अँगूठी ?...'' मैंने लापरवाही से चाँदी की अँगूठी के बारे में पूछा।

''यह मूनस्टोन की अँगूठी है ?—चालीस रुपए की है। यह तिब्बत के लामा की है।''

''अभी तुम लद्दाख के लामा की बात कर रहे थे ?''

''तिब्बत के लामा से चुराकर कोई इसे लद्दाख ले गया था। वहाँ से एक लामा मेरे पास लाया। मैंने उससे खरीद लिया इस अँगूठी को।''

''मैं तो इसके दाम दस रुपए दूँगा।''

''अकेला इसका नग चालीस रुपए का होगा। मैं तो अपने खानदान के अनमोल रतन बेच रहा हूँ, बाबू।''

मैं चलने लगा।

वह बोला, ''अच्छा तीस दे दो।''

मैंने कहा, ''अब आठ दूँगा।''

''तुम तो मज़ाक करते हो।'' बुड्ढ़ा बोला, ''चलो बीस दे दो।''

मैंने आगे को कदम बढ़ाए और चलने लगा। घबराकर बुड्ढ़ा आवाज देने लगा, ''अच्छा, पन्द्रह दे जाओ !...चलो, बारह पर सौदा कर लो !...अच्छा ...वापस आ जाओ !...चलो, दस ही दे दो !''

मैंने वापस आकर कहा, ''अब सात दूँगा।''

मैंने जेब से सात रुपए निकालकर मूनस्टोन की अँगूठी ले ली और पूछा, ''क्या यह पत्थर असली है ?''

''पत्थर तो सब नकली हैं।'' बुड्ढ़े पंडित ने आह भरकर कहा, ''मगर इन पर जो मेहनत की गई है, वह सब असली है।''

''तो तुम एक कीमत क्यों नहीं बताते हो ?'' मैंने उससे पूछा, ''चालीस से शुरू करते हो, सात पर आ जाते हो। ऐसा क्यों करते हो ?''

''ग्राहक को झगड़ने में मज़ा आता है, खास तौर पर औरतों को।'' मक्कार पंडित ने मुझे आँख मारकर कहा, ''वे समझती हैं कि उन्होंने कौड़ियों के भाव हीरे खरीदे हैं।''

मैं हँसकर आगे बढ़ गया।

दूर आगे जाने के बाद मैंने देखा कि बन्ध के नीचे ढलान पर दरिया के किनारे एक नौजवान एक औरत को मार रहा है—बड़ी सख्ती और बेरहमी से। पास में चूल्हे में आग जल रही है। और उस पर तवा रखा है और एक अधेड़ उम्र की औरत मक्की की रोटियाँ तवे से उतारकर चूल्हे में सेंक रही है। एक बुड्ढ़ा और लड़का थाली आगे रखे मक्की की रोटी और कद्दू की तरकारी खा रहे हैं। दो नौजवान अंडों की टोकरियाँ रखे, इत्मीनान से अंडे गिन रहे हैं। एक आदमी दरिया में अपने हाथ और टाँगों से कीचड़ छुड़ा रहा है और वह आदमी घूँसों और लातों से उस नौजवान औरत को मारे जा रहा है और औरत ज़ोर-ज़ोर से मदद के लिए चीख रही है, मगर कोई उसकी मदद को नहीं आता।

मैं बन्ध से उतरकर उस औरत से पूछने लगा, जो तवे पर मक्की की रोटी डाल रही थी और उसे बताने लगा, ''वह आदमी एक औरत को पीट रहा है।''

''हाँ, मुझे मालूम है।''

''पर तुम औरत ज़ात होकर भी दूसरी औरत को बचाती नहीं हो ?''

''वह उसका मरद है। वह उसकी औरत है।''

मैं उस मरद के पास पहुँचा। ''तुम इसे मारते क्यों हो ?''

''यह मेरी औरत है।'' उसने औरत के गाल पर एक तमाचा रसीद करते हुए कहा, ''बता, यह चांदी का छल्ला कहाँ से आया ?'' उसने एक और लात जमाई।

"कौन छल्ला ? ठहरो, ठहरो...।" मैंने कहा।

वह रुककर कहने लगा, "यही जो यह पहने हुए है।"

"चाँदी का छल्ला कौन-सी ऐसी बढ़िया चीज़ है। मुमकिन है इसने खरीदकर पहन लिया हो।" मैंने कहा। "मुमकिन है इसने तीन-चार रुपए बचाकर रखे हों। कौन-सी बड़ी बात है ! यह देखो, मैंने सात रुपए में यह चाँदी की अँगूठी खरीदी है।"

उस आदमी ने अपनी बीवी को मारना बन्द कर दिया और अपने दोनों हाथ कमर पर रखकर बोला, "बाबू तुम्हारी बात और है। तुम सात क्या, साठ रुपए की अँगूठी खरीदकर पहन सकते हो। यह कहाँ से लाएगी ? हमारा सारा खानदान दिन-रात बिल्डिंग पर ईंटें ढोकर बस इतना कमाता है कि दो वक़्त का गुजारा हो सके। इतने में चाँदी का छल्ला कहाँ से आएगा ? कल तक इसकी उँगली में नहीं था, आज कहाँ से आ गया ?

"यह क्या कहती है ?"

"कहती है, कहीं रास्ते में पड़ा मिल गया था। हरामज़ादी, छिनाल, बोल ! बोल, किस यार से लाई है ?" मर्द ने औरत के मुँह पर मुक्का मारकर कहा। औरत के होंठों से खून बहने लगा और वह लड़खड़ाकर गिर पड़ी और चाँदी का छल्ला उसकी उँगली से निकलकर नदी में डूब गया।

"हाय !" औरत के मुँह से अनायास ही निकला और वह वहीं बेहोश हो गई।

मर्द ने औरत को मारना बन्द कर दिया और उसे होश में लाने की कोशिश करने लगा।

मैंने रोटी पकानेवाली औरत से पूछा, "तुम लोग मुझे श्रीनगर के रहनेवाले नहीं मालूम होते ?"

"हम रजौरी से आए हैं," रोटी पकानेवाली औरत बोली, "उधर हमारा जो कुछ था, वह सब कुछ बिक गया, इसलिए हम यहाँ आ गए हैं। उधर बिल्डिंग पर काम करते हैं, ईंटें ढोते हैं। मेरे दो लड़के अंडे बेचते हैं। यह जो मार रहा है, यह मेरा बेटा है। वह जो बेहोश पड़ी है, वह मेरी बहू है। यह बुड्ढ़ा, मेरा खसम है। यह लड़का, जो इसके साथ खाना खा रहा है, यह मेरा पोता है। हम लोगों की उधर रजौरी में अच्छी हालत थी। मगर फिर जो था, सब बिक गया...।"

"और जो बाकी था, वह श्रीनगर में आकर बिक गया," मैंने धीरे से

कहा, मगर वह मेरी बात नहीं समझी। इसलिए मैंने बात बदलते हुए उससे कहा, "एक मक्की की रोटी कितने पैसों में दोगी ?"

उसने मुझे शुबहे की नज़रों से सिर से पाँव तक देखा।

मैंने कहा, "बात यह है, हाँ, कि मुद्दत से मक्की की रोटी और कद्दू की तरकारी नहीं खाई है। जी चाहता है, एक मक्की की रोटी और कद्दू की साग दे दो। एक रुपया दूँगा।"

"बैठ जाओ, बैठ जाओ।" बुड्ढ़ा जल्दी से बोला।

मैंने एक रुपया निकाला। बुड्ढ़े ने हाथ बढ़ाया, मगर जल्दी से उसके लड़के ने वह रुपया मेरे हाथ से छीन लिया और अपनी जेब में डालकर बोला, "माँ इसको कद्दू-रोटी दे और चलता कर !"

फिर वह आदमी बीवी को, जो अब होश में आ चुकी थी, एक घूँसा मारकर बोला, "चल आगे, पाँव छू माँ के। माफी माँग। और बोल, फिर कभी ऐसा छल्ला नहीं पहनेगी।"

बहू से सास के पाँव छूए। आग के सामने हाथ करके कसम खाई कि फिर वह कभी ऐसा छल्ला नहीं पहनेगी। मगर वह बहूत ही खूबसूरत लड़की थी और उसकी निगाहें बार-बार मेरी मूनस्टोन की अँगूठी पर रुक जाती थी। इसलिए मैंने सोचा कि अगर यह लड़की ऐसी ही खूबसूरत रही और इसी तरह ग़रीब रही, तो वह यह चाँदी का छल्ला दोबारा पहनेगी। मगर उस वक़्त मैं चुप रहा।

मैंने मक्की की गरम-गरम रोटी अपने हाथ पर रख ली और रोटी पर माँ ने कद्दू का साग डाल दिया। मेरे नथुओं में कद्दू के साग की गरम-गरम भाप पहुँचने लगी और मेरी आत्मा में सुनहरी मक्की की रोटी का सौंधापन बसने लगा। मेरी भूख बेहद तेज़ हो गई और मैं मज़े-मज़े से एक-एक कौर धीरे-धीरे तोड़कर खाने लगा।

मार्टिन या बर्बोन ?

सूप कौन-सा लेंगे ?

पास दी साल्ट, प्लीज़ !

मैंने कौर तोड़कर मारनेवाले नौजवान से पूछा, "कभी पैलेस होटल गए हो ?"

"आज तक कभी होटल के अन्दर नहीं गया।"

“चश्माशाही देखा है ?”
“नहीं।”
“निशात बाग ?”
“नहीं।”
“शालीमार बाग ?”
“नहीं। क्यों ? वहाँ कोई काम मिलता है ?”
“काम नहीं मिलता, तफरीह होती है।”
“तफरीह क्या होती है ?” वह हैरान होकर पूछने लगा।

मैं क्या जवाब देता, इसलिए चुप रहा। जब मक्की की रोटी का आखिरी कौर तोड़ रहा था, तो मैंने पूछा, “महीने में कितनी बार बीवी को पीटते हो ?”

“यही कोई पाँच-छह बार।” वह नौजवान अपनी बीवी के मुँह में कौर डालते हुए बोला, “क्यों जानकी ?” और जानकी खिलखिलाकर हँस पड़ी।

आधी रात के वक़्त जेहलम के पानी पर तैरते हुए हाउस-बोटों की बत्तियाँ बुझ चुकी थीं। शिकारों और नावों की आवाजाही भी बन्द हो गई थी। बन्ध के उस पार सफेदे के पेड़ सिपाहियों की तरह अटेंशन खड़े थे। माँझियों की सदाएँ गुम थीं। शिकारों के चप्पू खामोश थे। बरसती हुई चाँदनी में बिजली के खम्भों के बल्ब किसी भीतरी दुख और वेदना से जलते हुए मालूम होते थे। मैं अमीराकदल के पुल पर खड़ा था और मेरे नीचे जेहलम बह रहा था।

ऐसे में अमीराकदल का वह सफेद दाढ़ीवाला पगला कादिर बट मेरे सामने नमूदार हुआ और मेरी तरफ़ देखकर हँसने लगा।

“क्यों हँसते हो ?” मैंने डाँटकर पूछा।

वह फौरन संजीदा हो गया। फिर देर तक मुझे पुल पर खड़ा घूरता रहा। फिर पूछने लगा, “इस शहर में कितने पुल हैं ?”

“सात !”

“नाम गिनाओ !”

मैंने नाम गिनाए, अमीराकदल, अद्दकदल, फतेहकदल, जीनाक़दल, आलीकदल, नवाकदल और सफाकदल।”

“मगर दो पुल और बने हैं।”

“हाँ।”

"उनके नाम बताओ।"

"मुझे मालूम नहीं।"

"कुल कितने हुए ?"

"नौ पुल।" मैंने तंग आकर उस पगले से कहा, "श्रीनगर अब नौ पुलों का शहर है।"

"मगर दसवाँ पुल कहाँ है ?"

"दसवाँ पुल ? कौन-सा दसवाँ पुल ?" मैंने हैरान होकर उससे पूछा।

मगर पगले ने कोई जवाब न दिया। वह देर तक मुझे देखकर हँसता रहा, फिर यकायक घूमकर अमीराकदल के पार हरीसिंह स्ट्रीट की तरफ़ चला गया और ज़ोर से चिल्लाया "दसवाँ पुल कहाँ है, दसवाँ पुल कहाँ है ?"

वह अक्सर शहर के अलग-अलग मुहल्लों में यह नारा लगाते हुए दिखाई देता था। मगर उस पगले की सदा पर कोई ध्यान न देता था। पगले कादिर बट को शहर में ज़्यादातर लोग जानते थे। वह सफाकदल में लकड़ियों के एक बड़े टाल पर लकड़ियाँ चीरने का काम करता था। दिन-भर लकड़ियाँ चीरता था और शाम को सातों पुल पार करके अमीराकदल के एक होटल में लकड़ियाँ पहुँचाने जाता था। उसकी लकड़ियों से भरी नाव रोज़ जेहलम की धारा पर सातों पुलों के नीचे से गुज़रती थी। और वह उसे जान लड़ाकर खेता हुआ नाव की पूरी खेप की खेप लकड़ियाँ होटल में पहुँचा कर रात गए नौ-दस बजे लकड़ियों के टाल पर वापस पहुँचता था और मालिक से दिन भर की मेहनत के ढाई रुपए वसूल करके घर जाता था। घर जाकर वह अपनी बीवी के हाथ का पका हुआ खाना खाता था और फिर एक प्याला शीर-चाय का पीकर बेसुध सो जाता था। वह अपनी बीवी से बेहद मुहब्बत करता था और उसकी मुहब्बत का दीवानापन सारे इलाके में मशहूर था।

एक बार उसकी बीवी हैजे से बीमार हो गई और वह टालवाले से दो रुपए कर्ज लेकर हकीम की दवा लाया। बीवी को दवा खिलाकर वह लकड़ियों के टाल पर चला गया। दिन-भर वह लकड़ियाँ चीरता रहा और बीच-बीच में भाग-भागकर अपनी बीवी की तीमारदारी के लिए जाता रहा। अजीब मुसीबत थी। बीवी की तीमारदारी भी ज़रूरी थी। और लकड़ियों की चिराई भी ज़रूरी थी और उन्हें होटल में पहुँचाना भी ज़रूरी था।

दिन-भर जब बीवी की कै किसी तरह न रुकी, तो उसने टालवाले से डॉक्टर की दवा के लिए दस रुपए माँगे। टालवाले ने कहा, जब तक वह सारी

लकड़ियाँ चीरकर नाव में भरकर अमीराकदल के होटल में पहुँचाकर वापस न आएगा, वह उसे दस रुपए नहीं देगा।

कादिर बट भागा-भागा अपनी बीवी के पास पहुँचा। लोग कहते हैं, उस वक़्त कै़-दस्त से उसकी बीवी अधमुई हो चुकी थी और लगभग मुर्दा नज़र आ रही थी। उसने अपनी बेहोश बीवी के ठंडे पसीने से तरबतर माथे पर हाथ रखा और रुँधे हुए स्वर में बोला, "जैनब ख़ातून, तू मरना नहीं। मेरा इन्तज़ार करना। समझी, मेरा इन्तज़ार करना ! मैं अभी अमीराकदल में लकड़ियाँ पहुँचाकर और अंग्रेज़ी दवावाले डॉक्टर को लेकर तेरे पास आता हूँ। फिर तू बिलकुल ठीक हो जाएगी। समझी ! देख, मरना नहीं। मेरा इन्तज़ार करना।"

अपनी बेहोश बीवी से इतना कहकर कादिर बट वहाँ से विदा हुआ और नाव में जल्दी-जल्दी लकड़ियाँ भरकर चल पड़ा। इससे पहले उसे जेहलम का रास्ता कभी इतना लम्बा और कठिन न मालूम हुआ था। ऐसा लगता था, जैसे वह नदी नहीं है रेगिस्तान है, जिसमें हर क्षण उसके कदम धँसते जा रहे हैं। वह बड़ी मेहनत से चप्पू चला रहा था और ऐसी तेज़ी से कि जैसे कोई समुद्री कप्तान उसकी पीठ पर चाबुक लिए खड़ा हो। ज़िन्दगी में उसने आज तक कभी जेहलम के सातों पुलों को नहीं गिना था। आज उसने अपने सर पर से गुज़रते हुए पुलों को इस तरह गिना और महसूस किया, जैसे ग़म की एक बड़ी मेहराब उसके सिर पर कायम हो। और वह अपने तन-मन की सारी ताकत से चप्पू चलाता हुआ अपने रास्ते के सारे पुलों से गुज़रकर होटल में लकड़ियाँ देकर वापसी पर टालवाले से दस रुपए लेकर जब अपनी बीवी के सिरहाने पहुँचा, तो जैनब मर चुकी थी, सातों पुलों के पार जा चुकी थी।

लोग कहते हैं कि कादिर बट उस दिन से अपनी बीवी के ग़म में पागल है। जब श्रीनगर में सात पुल थे, वह चिल्ला-चिल्लाकर लोगों से पूछता था–आठवाँ पुल कहाँ है ? अब आठवाँ पुल बन गया तो वह चिल्ला-चिल्लाकर पूछने लगा–नवाँ पुल कहाँ है ? जब नवाँ पुल बन गया, तो वह पूछने लगा–दसवाँ पुल कहाँ है ? पगला जो ठहरा। उसकी बात में कोई तुक नहीं।

आजकल पगले कादिर बट की आवाज़ रात के सन्नाटे में श्रीनगर के मुहल्लों और कूचों में सुनाई देती है। मेरे कानों में इस वक़्त वही आवाज़ गूँज रही है, "दसवाँ पुल कहाँ है ? दसवाँ पुल कहाँ है ?"

जेहलम शहर के उन हिस्सों से गुज़र रहा है, जहाँ मल्लाह कभी नहीं जाते, जहाँ माल-असबाव से लदी हुई नावों की दोहरी कतारें खड़ी हैं और ऊँची-ऊँची पुरानी हवेलियों की छत पर फूल उगे हुए हैं, जहाँ मकानों की गन्दगी सीधे नदी में गिरती है और तंग गली-कूचों की खुली मोरियाँ अपनी सारी बदबू नदी में उँड़ेल देती हैं।

ज़ीनाकदल में कहीं-कहीं माँझियों के घरों से हुब्बा ख़ातून और रसूल मीर के गीतों की सदा आती है।...रानाबाड़ी में अखरोट की लकड़ी पर चिनार के खूबसूरत पत्तों के नक्शो-निगार उजागर हो रहे हैं। अमीराकदल में शालों पर ऐसी बारीक सोज़नकारी हो रही है कि चाँद की किरणें भी देखें, तो शरमा जाएँ।

जड्डीबल के बाहरी सिरे पर यह मंजूर इलाही का घर है। फूँस की छत और कच्ची मिट्टी की ईंटें और एक ही कमरा।...रात के दो बजे हैं और मंजूर इलाही अभी तक अपने काम में व्यस्त है। वह पेपरमाशी की एक बड़ी सुराही बना रहा है और उस पर आखिरी नक्शो-निगार उजागर कर रहा है। सुराही क्या है, ख़ैयाम की रुबाई मालूम होती है। एक कोने में उसकी बीवी ज़ेबर रखने के लिए पेपरमाशी का बक्स तैयार कर रही है। सुनहरी और राब्ज़ मेहराबों के अन्दर नाज़ुक-नाज़ुक सफ़ेद जालियाँ ताजमहल की जालियों की तरह आलोकित मालूम होती हैं, हालाँकि यह संगमरमर नहीं है, महज़ पेपरमाशी है।

मंजूर इलाही मेरा दोस्त है, इसलिए मैं बेतकल्लुफ उसके कमरे में चला जाता हूँ और उससे कहता हूँ, "इस वक़्त रात के दो बजे हैं। कब सोओगे ?"

"जब उँगलियाँ चलने से इनकार कर देंगी," वह कहता है।

"और आँखें देखने से।" उसकी बीवी कहती है।

मैं थोड़ी देर चुप रहने के बाद कहता हूँ, "भाभी, शीर-चाय पिलाओ।"

भाभी समाबार से गरम-गरम शीर-चाय का एक प्याला निकालकर मुझे देती है। चाय गाढ़ी और सुर्ख है और सोडे से नमकीन भी है। अजब मज़ा है इस शीर-चाय का।

"बैरा, एक बोतल ह्विस्की लाओ।"

"डार्लिंग, एक मार्टिनी और। अभी तुम्हारी आँखों का नशा गहरा नहीं पड़ा।"

"बटलर सबके जाम शैम्पेन से भर दो। मैं तजबीज करता हूँ एक जामे-सेहत...।"

"मैं पूछता हूँ, मंज़ूर इलाही, कभी पैलेस होटल गए हो ?"

"अक्सर जाता हूँ। कल भी जाऊँगा। सुराही और ज़ेवरों के सन्दूकचे का आर्डर वहीं का है। साहब कल लन्दन जा रहे हैं, इसलिए यह काम आज ही खतम कर देना होगा।"

मैं उस कमरे के चारों तरफ़ देखता हूँ। पीली मिट्टी की दीवारें, कच्चा फ़र्श, एक तरफ़ मिट्टी के दो घड़े, एक तरफ़ दो-चार बालटियाँ, एक तरफ़ चूल्हा और कुछ बरतन। एक ताकचे में काँगड़ी रखी हुई है। एक ताकचे में दवाओं की बोतलें हैं। बदबूदार पानी की नमी हवा में बसी हुई मालूम होती है। धीरे से मंजूर इलाही की बीवी खाँसती है तो उसका सारा शरीर किसी पुरानी लकड़ी के पुल की तरह हिलता हुआ मालूम होता है।

"बस ख़तम है।"

"क्या ?" मैं मंज़ूर इलाही से पूछता हूँ।

"इस सुराही का काम !" मंज़ूर इलाही मुझे सुराही दिखाता है। इस अँधियारे कमरे की रोशनी के साये में ले जाकर वह मुझे अपनी सुराही दिखाता है। यकायक खुशनुमा रंगों से चित्रित सुराही किसी बिल्लौरी फानूस की तरह जगमगा उठती है। मैं उसकी सुन्दर आकृति को निहारता रह जाता हूँ। क्या इंसानी उँगलियों से ऐसी सुन्दरता, कोमलता और वैभव का सृजन सम्भव है ? मैं आश्चर्य से उस कमरे की नंगी दीवारों को देखता हूँ और उस हसीन सुराही को देखता हूँ और देखता का देखता रह जाता हूँ।

"बस इतनी-सी जगह बची है, एक शेर लिखने के लिए," मंज़ूर इलाही मुझे सुराही पर अंकित एक मेहराब की तरफ़ इशारा करके बताता है, "यहाँ एक शेर लिखूँगा। कोई अच्छा-सा शेर बताओ।"

मैं कभी उसकी सुराही को देखता हूँ, कभी मंज़ूर इलाही के मुँह को, कभी अपनी भाभी को। कभी उस कमरे को, उसकी दीवारों को, कभी फूस की छत

को और धीरे से कहता हूँ :

गुरेज़द अज़ सफे-मा
हर कि मर्दे-ग़ोग़ा नीस्त
कसे कि कुश्ता न
शुद अज़ क़बीलिए-मा नीस्त।

(जो आदमी रण का सूरमा नहीं है, वह हमारी बातों से कतराता है; जो आदमी क़त्ल नहीं हुआ, वह हमारे क़बीले से नहीं है।)

"हाँ, बिलकुल ठीक।" मंज़ूर इलाही सिर हिलाकर कहता है, फिर हौले-हौले सुराही पर शेर लिखते हुए पूछता है, "किसका है ?"

"नज़ीरी ने कहा था, आज से तीन सौ साल पहले।"

"बिलकुल आज का शेर मालूम होता है।"

रात गुज़रती जाती है। जेहलम बहता जाता है। ऐसे में क्यों मेरा जी चाहता है कि अपने सारे कपड़े फाड़ दूँ और पगले क़ादिर बट की तरह ज़ोर से चिल्लाकर पूछूँ, "दसवाँ पुल कहाँ है ? कहाँ है वह मेहराब सतरंगी आरज़ुओं की, उम्मीदों की, जो जड्डीबल को पैलेस होटल से मिला दे ?"

हैदराबाद

कलकत्ता से हैदराबाद जाने के लिए किस ग़लतफ़हमी में मैंने मद्रास एक्सप्रेस में बर्थ सुरक्षित करवा ली थी, उसे छोड़कर यहाँ सिर्फ़ यही कहूँगा कि उसे बदलवा लेने के लिए मैं दुबारा खिड़की के पास जा खड़ा हुआ था। मेरी बात सुनकर काउंटर पर के सज्जन ने बँगला में कहा था, "से आर की कोरे होबे ! अमि तो 'इंट्री' कोरे नियेची।" (नहीं, यह अब क्योंकर होगा, मैंने तो 'इंट्री' कर ली है।) मेरे यह कहने पर कि गाड़ी से जाने पर तो मैं हैदराबाद रात दस बजे पहुँचूँगा। मैं वहाँ पहली बार जा रहा हूँ।...उन्होंने हँसकर कहा था, "हैदराबाद न की छोटी जाउगा...रात्रि दस टाय बस, टैक्सी, रिक्शा सब पावेन...एक बारे विराट जाउगा..." (हैदराबाद क्या छोटी जगह है...रात दस बजे बस, टैक्सी, रिक्शा सब पाइएगा...बहुत बड़ी जगह है...) लेकिन एक बिलकुल अपरिचित शहर में रात को पहुँचने की मेरी इच्छा नहीं थी। मेरे ज़ोर देने पर असिस्टेंट कमर्शियल सुपरिंटेंडेंट के नाम उन्होंने एक पत्र लिख देने को कहा और स्वयं ही उसमें हस्ताक्षर करवाकर उन्होंने मद्रास मेल में मुझे जगह देने का कष्ट किया। इस तरह मैं हैदराबाद रात को न जाकर दुपहर को ही पहुँचा था।

यह चार महीने पहले की बात है। लेकिन उस दिन रात मेरे लिए बहुत अचानक उतरी थी...मैं शाम को अपनी छोटी बहन की एक तेलुगू-भाषी सहेली से, जो स्वयं भी कलकत्ता से कुछ दिन पहले अपने घर आई थी, मिलने गया था। हालाँकि कलकत्ता में मैं उनसे दो-तीन बार ही मिला था, लेकिन उन्होंने कलकत्ता की बातों का कुछ ऐसा सिलसिला शुरू किया कि जब उनके यहाँ से बाहर निकला तो अँधेरा उतर आया था...उनके यहाँ से निकलकर रिक्शा करने की इच्छा नहीं हुई और मैं पैदल ही पूछता हुआ होटल आया और कहूँ काउंटर पर के सज्जन की, 'विराट जाउगा' वाली बात मुझे सही लगी... डबल-डैकर बसें, टैक्सियाँ, आंटो-रिक्शा, सभी बार-बार पास से गुज़रे। यानी

रात को भी उपलब्ध होनेवाली इन सुविधाओं का भान हुआ।

किसी शहर के दिन और रात में क्या अन्तर होता है।...किसी शहर में दिन की भीड़-भाड़ से, जगहों की प्रकृति और बनावट से, वहाँ आनेवाले या रहनेवाले लोगों के रहन-सहन के ढंग से, और इन सबको अपेक्षाकृत एक खुले रूप में देख पाने के कारण, हम चीज़ों को एक 'खुले' रूप में जान पाते हैं। लेकिन रात को...तब यह 'खुलापन' नहीं रहता है, और अगर कहीं रहता भी है तो उसकी भी सही प्रकृति पहचाननी होती है, यानी रात का 'खुलापन' भी कुछ और ही होता है...इसलिए भी कि सब पड़नेवाले प्रभाव को अन्तिम नहीं मान लिया जा सकता...हो सकता है कोई और कोण हो, कोई और अनदेखी परत हो जो छिपी रह गई हो...

एक सज्जन से मैंने पूछा, "रात को हैदराबाद कैसा लगता है ?" वह निहायत सरलता से बोले, "कैसा लगता है...चारों तरफ़ शान्ति रहती है।" मैंने हँसकर कहा, "यह तो प्रायः हर शहर की बात हुई।" लेकिन नहीं, यह उनकी भी और हैदराबाद की भी बात है।...इसी तरह यदि किसी रिक्शेवाले से पूछा जाए तो वह शायद कहेगा, "आजकल, यानी जाड़े में सवारियाँ कम मिलती हैं। किसी पानवाले या मज़दूर से पूछा जाए तो उनके उत्तर भी अलग होंगे। किसी रिटायर्ड अफ़सर से पूछा जाए तो उसकी आँखों में वे रातें तिर सकती हैं, और उनसे सम्बन्धित उत्तर मिल सकते हैं, जब उसे रात की ड्यूटी करनी पड़ती थी। या अगर उसने रात की ड्यूटी कभी न की हो तो उसकी आँखों में वे रातें तिर सकती हैं जो उसने शायद किसी क्लब में बिताई हों...रात की ड्यूटी पर रहनेवाले डॉक्टरों, नर्सों, पुलिस के कर्मचारियों के अलावा जिन्होंने अस्पताल में लम्बी बीमारियों के दिन गुजारे हों, वे जो रात को बेकारी का ग़म लिए लौटते रहे हों, शायद जो सही भावों और शब्दों की तलाश में रहे हों, नर्तकियाँ जो रात-भर नाचती रही हों, प्रेमी-प्रेमिकाएँ जिनकी आँखों की नींद उड़ गई हो—सबके उत्तर और अनुभव अलग-अलग हो सकते हैं...गोया रात को, और फिर किसी शहर की रात को जीने-देखने के कई कोण हो सकते हैं...

आबिद शॉप और सुलतान बाज़ार ! हर छोटे-बड़े शहर में होनेवाली अपने-अपने ढंग की चमक-दमकवाले बाज़ारों की तरह हैदराबाद के दो बाज़ार।

चहल-पहल, भीड़ भी, लेकिन कोई जल्दी नहीं। निऑन सायन से चमकती हुई दुकानों के सामने से गुज़रते हुए अच्छा लगता है। वाकई खूबसूरत दुकानें। गाड़ियाँ पार्क कर लोग बड़े इत्मीनान से खरीदारी करते हैं, और परिचितों से बातचीत। ज़ाहिर है, मैं उनमें से किसी को नहीं जानता...और जैसे किसी को न जानने के अहसास के कारण ही अपने ढंग से जानने की चेष्टा करता हूँ...

मुरादनगर की एक छोटी-सी पहाड़ी पर चढ़कर शाम के धुँधलके में हैदराबाद का वह भाग देखा था, जो वहाँ से दिखाई पड़ता है—पुराने और नए बँगले, बाग़ात, अफ़सरों, रिटायर्ड अफ़सरों या फिर ज़मीन-जायदाद के मालिकों के...

शायद उन्हीं की गाड़ियाँ यहाँ पार्क की हुई हैं...उस छोर से इस छोर की दूरी के बीच की गलियाँ, सड़कें...छोटे-छोटे घर उभरते हैं...मालेपल्ली नामपल्ली...मध्यवर्गीय परिवारों के...सारी चमक-दमक के बीच एक धुँधलका घिर आता है...

मैं धीरे-धीरे 'क्वालिटी' की सीढ़ियाँ चढ़ने लगता हूँ। दरवाज़े को धीरे से ठेलकर भीतर घुराता हूँ...ज्यूक बाक्स में कोई रिकार्ड बज रहा है। जाकर किनारे की एक टेबुल पर बैठ जाता हूँ...शीशे की दीवार से बाहर वही पार्क की हुई गाड़ियाँ और खूबसूरत दुकानें दिखाई देती हैं, और ट्रैफिक...

'एस्प्रेसो कॉफ़ी,' मैं बैरा के आने पर कहता हूँ। फिर सामने बैठे हुए उन कुछ लड़के-लड़कियों की ओर देखता हूँ जो ज़रूर यहीं के हैं और हँस-हँसकर बातें कर रहे हैं...और अब गिरते हुए दूसरे रिकार्ड की ओर देख रहे हैं...बस रिकार्ड बजना शुरू हो जाएगा और पता नहीं कौन-सी परिचित या अपरिचित धुन और पंक्ति सुनाई पड़ेगी। 'ऐसे में जब कभी शाम ढले !'

वे सब बेहद खुश हैं।

धीरे-धीरे भीड़ बढ़ती जा रही है और वे चेहरे दिखाई पड़ रहे हैं, जिन्हें देखकर मैं यह अनुमान लगा सकता हूँ कि उनका शाम को यहाँ आना रोज़ के कार्यक्रम में शामिल रहता है। मैं एक परिचित को परिचय देने के लिए उठ खड़ा हो जाने के बाद भी कुछ देर तक चारों ओर देखता हूँ—नहीं, यह रेस्त्राँ किसी भी बड़े शहर का हो सकता है...

बाहर...ऐसे माहौल से निकलना कुछ-कुछ उसी तरह होता है, जैसे किसी सिनेमा-हॉल से ऐतिहासिक पिक्चर देखकर निकलना—यानी क़दमों में एक

सुस्ती-सी आ जाती है...सारी लय और ख़यालों की 'गति' बाहर के 'यथार्थ' में आकर हल्की पड़ने लगती है।

चौराहे के बाद ढलवाँ सड़क के किनारे दुकानें फिर दूर-दूर हैं...अकेले बहुत-सारी बातें याद आती हैं...चौरंगी में इतनी देर बहुत भीड़ होगी, और कनॉट प्लेस में...नहीं, चौरंगी की तरह वहाँ भी नहीं...यहाँ भीड़ उतनी न हो लेकिन चमक-दमक यहाँ भी कम नहीं...हैदराबाद...सरकारी काग़ज़ों में अब भी एक नम्बर शहर है !...ढलवाँ सड़क पर कुछ आगे आकर ठिठककर खड़ा हो जाता हूँ...पेड़ों के पीछे हलके प्रकाश से प्रकाशित घड़ी के ऊपर नीले रंग में निऑन सायन का क्रास...समय के ऊपर टँगा हुआ क्रास।... और पास आकर पढ़ता हूँ...सेंट जार्जेट चर्च...यहाँ अँधेरा है और घने पेड़ों में अथाह...मौन...

एक अरसे से साइकिल नहीं चलाई थी...इसलिए साइकिल और सूनी-सी सड़क हाथ लगते ही चलाने का मोह न छोड़ सका...साथ के मित्र रिक्शे में बैठे हैं...तय हुआ था, एक ही रिक्शा किया जाएगा। दो आदमी रिक्शे में बैठेंगे और एक साइकिल चलाकर ले चलेगा...

''सामने चौराहा है...अरे उतरिए, बत्ती बुझ गई है...'' रिक्शावाला कहता है।...बत्ती बुझ गई है, यानी तेल नहीं है, तो अब इस पर चढ़कर नहीं चला जा सकता। लेकिन मित्र रिक्शे से उतरते हैं और मुझसे साइकिल लेकर दूसरे फुटपाथ पर बैठे एक लड़के के पास चले जाते हैं...पीछे-पीछे मैं भी जाता हूँ...ढिबरी, तेल, माचिस, काग़ज़ की तीलियाँ, सब कुछ तो हैं इस छोटी-सी दुकान में...उस दिन के बाद अब हर रात, हर चौराहे, हर मोड़ पर ऐसी ही कितनी छोटी-छोटी दुकानों में लड़कों को बैठे हुए देखता हूँ...जो दुकानें दिन को दिखाई नहीं देती, लेकिन अँधेरा उतरते ही सज जाती हैं...हैदराबाद के तमाम साइकिल-रिक्शों और साइकिलों के लिए ये छोटी-छोटी दुकानें...कम पूँजी और कम आय की...। अँधेरे में, सर्दी में, सिमटे-सिकुड़े बैठे लड़कों की नज़रें दौड़ती रहती हैं—किसी रिक्शे या साइकिल की बत्ती बुझ गई है...

इसी तरह तमाम दुकानें हैं, चार पहियोंवाली दुकानें...आलू, प्याज और हरी मिर्च की, पकौड़ियों की...और मौज़ (केले)-सन्तरों की...जो रात ग्यारह-बारह बजे तक सड़कों पर खड़ी रहती हैं...

आज देर हो गई। पौने दस के बाद 'ताजमहल' में खाना नहीं मिलता...मैं सीढ़ियाँ चढ़कर ऊपर पहुँचता हूँ। कूपन बेचनेवाले सज्जन मुझे देखकर मुस्कराते हैं...

हॉल की सफ़ाई हो रही है...सजी हुई केले के पत्तों की पत्तलें और थालियाँ समेटी जा रही हैं...

नीचे उतरकर देखता हूँ...एक महिला अपनी लड़की के साथ अलसाई-सी खड़ी है...पति कार से सामान उतरवा रहे हैं...पास के किसी शहर से राजधानी की यात्रा कार में...

बाहर आकर सामने की झोंपड़ियों की ओर मुड़ रही एक चलती-फिरती मौज़ की दुकान से मौज़ खरीदता हूँ...''झोंपड़ियाँ, ढिबरियाँ, घास-फूस और आकृतियाँ जिन्हें अलग-अलग देखना और पहचानना मुश्किल है...एक रात यहाँ ठिठककर खड़ा हो गया था...स्त्रियाँ और पुरुष अपने-अपने काम में लगे थे...कोई इस्त्री कर रहा था, कोई कपड़े बाँध रहा था...और एक लड़का पिटता हुआ रो-चिल्ला रहा था, लेकिन वह जैसे रोज़ की बात हो, किसी का ध्यान उस तरफ़ नहीं...नेशनल हट्स यूनियन...चार पहियोंवाली केले-सन्तरों की दुकान में एक झोंपड़ी बनाकर निकाला गया जुलूस एक दिन देखा था। यानी ये झोंपड़ियाँ भी नियामत हैं...

अँधेरा उतर आया है। धूलपेठ के पास से रिक्शा गुज़र रहा है। छोटे-छोटे घर, झोंपड़ियाँ और गन्दी गलियाँ...सोचता हूँ ऐसी बस्तियाँ शायद हिन्दुस्तान के हर शहर में हैं...यही बस्ती कानपुर की भी लग सकती है, और कलकत्ता के किसी उपनगर की भी...

फिर बड़े-बड़े पुराने बाग़ और घर...सदियों का 'जीवन' जैसे यहाँ टिका है...मौन...एक दौर के गुज़र जाने के बाद का मौन...एक उदास संगीत जो बजता रहता है, अगर ध्यान से सुनो तो सुनाई पड़ता है,...अन्धकार में गिरे हुए उड़ते पत्ते, चिड़ियाँ, रुकी हवा, पेड़-पौधों की गन्ध, मद्धिम प्रकाश...एक जिया हुआ जीवन जो उनके जीने या ढोने के लिए छोड़ दिया जाता है जो उसे जीना नहीं चाहते, और पुराने और नए की कशमकश में टूटते रहते हैं...कुछ टूटकर अलग हो जाते हैं, कुछ उदास संगीत का अंग बनकर रह जाते हैं...

छोटी-छोटी पहाड़ियों पर बने हुए घर...अपने ढंग का आर्किटेक्चर...कुछ दिन पहले श्री हुमायूँ कबीर ने हैदराबाद को हिन्दुस्तान का सबसे सुन्दर शहर कहा है।...चारमीनार, हाईकोर्ट, उस्मानिया अस्पताल, स्टेट लायब्रेरी, और भी कितनी छोटी-बड़ी इमारतें !..

रात को चारमीनार के पास से डबल-डेकर...बस में चढ़ा हूँ...इस तरफ़ दो दिन रहा था, तभी एक लाण्ड्री में कुछ कपड़े दिए थे, उन्हें लेकर लौट रहा हूँ।...चारमीनार में कभी चढ़ा नहीं हूँ, बस से ऊपरी हिस्से में बैठा हुआ देख रहा हूँ, पुराना हैदराबाद...चार कमान...पत्थर पट्टी...पुराने ढंग के मकान और दुकानें...

दो दिन तक चारमीनार के पास रहा था..एक कमरा था, आकर्षण था साथ के अच्छे, एक छोटे, बगीचे का...लेकिन रात हुई तो पास के एक इलेक्ट्रिक सब-स्टेशन की गों-गों आवाज़ गूँज उठी...यानी रात के सन्नाटे में अधिक तेजी से सुनाई पड़ने लगी...नहीं, नींद नहीं आएगी और लिखना-पढ़ना कैसे होगा...बगीचे के दूसरे सिरे पर झोंपड़ीनुमा एक कमरे में मेरा सामान पड़ा था, दूसरे दिन इस कमरे में उसे रखना था...मैं भी वहीं चला गया था...मद्धिम प्रकाश...एक हँड़िया पड़ी थी, बगीचे के माली की, चावल के दाने और चीटियाँ...मेरी किताबें बिखरी पड़ी थीं...एनकाउंटर, मॉडर्न रिव्यू...सार्त्र, हेमिंग्वे, काफ्का...काफ्का...दि ट्रायल और कैसल...रहस्य...और न जान पाने का दुःख था कि अपने ढंग से जान पाने का दुख...

रिक्शों में पड़े हुए परदे...सिर्फ़ रिक्शों में ही नहीं, टैक्सियों और कारों में भी और सिनेमा-हॉलों में सिर्फ़ औरतों के लिए वाली सीटों पर पड़ा हुआ परदा जो हॉल में अँधेरा हो जाने पर ही उठता है...सिर्फ़ इन्हीं चीज़ों और जगहों में ही नहीं, शहर के भीड़-भरे इलाकों को छोड़कर एक झीना-सा परदा मानो शहर की बनावट और प्रकृति में भी पड़ा है...अँधेरे में भी एक परदे की आड़ में उतरती हुई आकृतियाँ...

सड़कों से पैदल या रिक्शे में कई बार गुज़रता हूँ...अँधेरे-उजाले के बीच सड़कों के दोनों ओर बने हुए मकान...सब अपने में खोए और शान्त...बहुत बार लगता है। हर चीज़ अपने में 'अलग' है, ज़रूरत पड़े तो दूसरी चीज़ों से जुड़ जाती है, नहीं तो अपने में ही खोई रहती है...

रात के ग्यारह बजे मैं एक रिक्शे में लौट रहा हूँ, रिक्शा उन गलियों-सड़कों से भाग रहा है, जो मेरे लिए अपरिचित हैं...सहसा मैं सँभलकर बैठ जाता हूँ...क्या सड़क में फूल बिछे हैं...इतनी महक, मानो उस महक को छू सकते हैं...सर्द हवा इतनी भारी और महक से ठहरी हुई...दोनों ओर आलीशान घर...लेकिन महक का यह सिलसिला समाप्त हो जाता है... छोटे-छोटे घर, कहीं-कहीं प्रकाश, प्रायः चारों ओर शान्ति है...दर्जियों की एकाध दुकानें खुली हुई हैं, यानी वे काम कर रहे हैं...यहाँ महक नहीं है। लेकिन हवा यहाँ भी ठहरी हुई है और भारी है—गुम-सी...

हैदराबाद में घर ऊँचे नहीं हैं, यानी एक या दो तल्लों के ही अधिक घर हैं...निम्न-मध्यवर्गीय और मध्यवर्गीय परिवारों वाले इलाकों को छोड़कर सब बाग़-बग़ीचों की पृष्ठभूमि में बने हुए हैं...पेड़, पौधे और लताएँ...जिनकी महक और मिली-जुली गन्ध का अहसास रात को कुछ कम नहीं होता...

फुटपाथ पर पुरानी किताबों की दुकानें...सड़क की रोशनी से प्रकाशित पुरानी किताबों के नाम पढ़ने के लिए झुककर देखना पड़ता है...इन दुकानों में भीड़ नहीं होती, यानी कभी-कभार ही कोई दिखाई पड़ता है—'डैथ इन बेनिस' और 'ग्रीक ट्रेजेडीज़।' डैथ इन बेनिस...मुझे एक अजीब-सी खुशी होती है। किसी अपरिचित जगह में किसी परिचित के मिल जाने पर होनेवाली जैसी खुशी। सड़क से ट्रैफिक गुज़र रहा है, और उतरते अँधेरे में मैं आगे बढ़ने लगता हूँ...मान की कहानियाँ...डैथ इन बेनिस, टोनिओ क्रोगर और त्रिस्तान...बाहर के जीवन के साथ, 'भीतर' चलती हुई 'समानान्तर' कहानियाँ...रची हुई चीज़ों को अपने ढंग से जानने और जीने का सुख... अन्धकार, रहस्य, अनिश्चय के साथ बाहर की उदासीनता जिस पर गिरती रहती है...

आगे आबिद शॉप के चौराहे पर भीड़ है...बस-स्टैंड के पास बुक-स्टॉल हैं, सस्ती पत्रिकाओं और किताबों से भरे हुए...निऑन सायन और चमकती हुई बत्तियाँ...

नौबत पहाड़ पर कभी चढ़ा नहीं हूँ...बागे-आम के अँधेरे से, उस पर चढ़ती-उतरती आकृतियाँ देखी हैं...सुना है, वहाँ से रात में हैदराबाद को देखना एक विस्मयकारी अनुभव है...प्रकाश-मालाएँ-सी पटी हुई दिखाई पड़ती हैं...यानी नीचे शहर जितना जगमगाता हुआ नज़र नहीं आता, ऊपर से उससे कई गुना अधिक जगमगाता हुआ दिखता है...शायद सिकन्दराबाद की भी

बत्तियाँ झिलमिलाती हुई दिखाई पड़ती हैं...

हैदराबाद और सिकन्दराबाद—अंग्रेज़ी अख़बार इन्हें ट्विन सिटीज़ लिखते हैं—जुड़वाँ शहर। सचमुच जुड़वाँ शहर। मकानों, सड़कों में कोई विशेष अन्तर नहीं...अच्छे होटलों और सिनेमाघर सिकन्दराबाद में शायद अधिक हैं और कंटूनमेंट...रविवार की एक रात बिलकुल अपरिचित सड़कों से पैदल गुज़रा हूँ...पान की दुकानों में सस्ती पत्रिकाएँ...नए-पुराने घर...लगता है यहाँ कोई रहता नहीं...नहीं लोग रहते हैं, कहीं भीतर और अलग...शोर-शराबा और चहल-पहल कतई नहीं है...सिर्फ़ बसें गुज़रती हैं और बस स्टॉप पर खड़े हुए इक्का-दुक्का लोगों के लिए रुक जाती हैं...

एक सज्जन पान की दुकान से सोडा की बोतल लेते हैं और झूमते हुए चले जाते हैं...जुड़वाँ शहरों में...'वाइन्स की दुकानें और बार...'

मोअज्जम जाही मार्केट के पीछे, खुली जगह और फुटपाथ में औरतें और मर्द बोतलें लिए बैठे हैं...सुना है, ऐसी और कई जगहें हैं, जहाँ संघी और ताड़ी बिकती है...दिन-भर काम से थके मज़दूर-मज़दूरिनें यहाँ आते हैं...

प्रदर्शनी में 'ब्रुकबांड' के स्टॉल से हम चाय की अन्तिम प्यालियाँ पीते हैं... अन्तिम प्यालियाँ, यानी दस बजे रहे हैं और अब चाय बची नहीं हैं, हमारे बाद आनेवाले लोग निराश लौट जाते हैं...प्रदर्शनी बन्द नहीं हुई...स्टॉल खुले हैं और निऑन सायन चमक रहे हैं...हाँ, भीड़ छँट गई है...

मैं कोट की जेबों में हाथ डाल लेता हूँ। बहुत ठंड नहीं...बस बीच-बीच में यह अहसास होता है कि ये ठंड के दिन हैं...हर साल यह प्रदर्शनी जनवरी-फरवरी में होती है—'ऑल इंडिया इंडस्ट्रियल इक्ज़ीविशन।' हैंडलूम के कपड़ों की दुकानें श्री ओमप्रकाश निर्मल और हमउम्र शायर मुसहफ इक़बाल तौसिफी बेड-शीट्स और टेबल-क्लॉथ उलट-पलट रहे हैं। और मैं पढ़ रहा हूँ, यह स्टॉल किस शहर का है। 'या मालिक तेरा ही भरोसा है।' स्टॉल के एक सज्जन माल उठाकर रखते हुए कहते हैं। एक दस-बारह साल का लड़का, एक कोने में कपड़ों के ऊपर सोया है—हैदराबाद में कुछ दिनों के लिए बसी हुई यह एक नई बस्ती है और अब यहाँ रात गहरी हो रही है और शहर में भी पानी बाहर निकलने पर भी दो-एक खुली हुई दुकानें दिखाई देंगी..और सड़कों की भीड़ छँट गई होगी...

बाहर आकर हम गमपल्ली के एक होटल में बैठ जाते हैं...एक केबिन में, तोसिफी से उनकी कोई नज़्म सुननी है। तोसिफी झिझकते हुए शुरू करते हैं :

''मैं तुझे भूल गया ऐसी कोई बात नहीं...
जाने क्यों तेरी मुलाक़ात से जी डरता है...
वरना पहले तो शबो रोज़ का मामूली-सा था
क्या कहूँ हमरुखे महताब तेरे ग़म के तुफ़ैल
यूँ कटी रात कि अब रात से जी डरता है...''

रात से जी डरता है...यानी तमाम ख़यालों से घिरी हुई रात, जब अँधेरे में भी तमाम दृश्य उभरते हैं, या बिना उभरे हुए भी एक सुख या दुख दे जाते हैं।

बिरियानी और तन्दूर रोटी की आवाज़ें कम हो रही हैं। तौसिफी नज़्म सुनाकर चुप हैं, और हम उसकी तारीफ़ करने के बाद, अब उसे और ज़्यादा महसूस करते हुए...चाय खत्म कर हम बाहर शहर निकल आते हैं।

तौसिफी मेरे लिए एक रिक्शेवाले से बातें करते हैं :

''हिमायत नगर...एक सवारी... ?''

''बारह आने...'' एक चौदह-पन्द्रह साल का लड़का कहता है।

''भई हम यहीं के हैं...तौसिफी हँसकर कहते हैं, ''छह आने।''

''सात आने...'' लड़का कहता है।

''ठीक है...'' तौसिफी मेरी ओर मुड़कर कहते हैं।

''सात आने...'' लड़का कहता है।

रिक्शा बड़ी तेज़ी से भाग रहा है। ''भाई इतनी जल्दी क्यों !''–

''साहब आपको छोड़कर शो की सवारी लेनी है।'' लड़का कहता है...हाँ, सिनेमाघरों में यहाँ अन्तिम शो सवा बारह या साढ़े बारह पर खत्म होता है...तेज़ और तेज़...लेकिन चैन उतर गई है...चारों ओर कितना सन्नाटा है...सिर्फ़ कुत्तों के भोंकने की आवाज़...सड़क की बत्तियों से लगता है हम शहर में हैं...और सामने से एक कार तेज़ी से भागी आ रही है...

सुल्तान बाज़ार के बस-स्टैंड के पास सरकते हुए रिक्शे...एक के बाद दूसरा...''रिक्शा लाऊँ साहब...,'' ''साहब सिर्फ़ तीन आने...,'' ''बड़ी चढ़ाई है, पाँच आने साहब,'' ''रिक्शा लाऊँ साहब...''

एक बन्द दुकान की सीढ़ियों पर बैठा कोई गिलास में चाय पीते हुए कहता है, "क्यों पूछ रहे हो, तुम्हें जीने का कोई हक नहीं...' मैं मुड़कर देखता हूँ, यह चाय पी रहा है या शराब...लेकिन ज़िन्दगी कभी-कभी चाय को शराब बना देती है...

" 'आन्ध्र बैंक' का नाम नीले रंग में निऑन सायन में चमक रहा है...वीमेन्स यूनिवर्सिटी कॉलेज के ऊपर अँधेरा और गहरी शान्ति है...सिर्फ़ चाय की दो-एक दुकानें खुली हुई हैं...बसों के इन्तज़ार में खड़े हुए कुछ लोग हैं...रात को उन जगहों में चलना या खड़ा होना कितना अजीब लगता है, दिन में जहाँ चलने या खड़े होने के लिए जगह बनानी पड़े..."

कभी-कभी आबिद शॉप से पैदल हिमायत नगर आता हूँ—ताजमहल होटल, मैथाडिस्ट चर्च, किंग कोठी, फिर सिमेट्री...सन्नाटे का भी एक सन्नाटा। नहीं, ज़रा आगे ही हवा में किसी गीत के बोल तैर रहे हैं...ईरानी होटल में बैठकर चाय पीता हूँ...रिकार्ड बज रहा है...एक खत्म होता है, तो दूसरा लगा दिया जाता है...मैं समझता हूँ बहुत कम शहरों में फ़िल्मी गीतों का इतनी भरमार रहती होगी...

रात कभी-कभी दस-साढ़े दस बजे पत्र लिखने की इच्छा होती है, क्यों न इन्हें अभी पोस्ट कर दिया जाए...सवेरे पाँच बजे निकल जाएँगे...पत्रों को समेटते और लिफाफे पर पता लिखते...पौने ग्यारह...ग्यारह...कमरे में ताला डालकर बरामदे में आ जाता हूँ...नहीं सवेरे पत्र निकल जाएँगे सो तो है ही, पत्रों को लिखकर अपने पास थोड़ी देर के लिए भी रखना मेरे लिए बहुत मुश्किल है...उन्हें सम्भव हो तो पोस्ट कर देने की पुरानी कमज़ोरी...घरों में शान्ति है, सिर्फ़ बाहर घरों के साथ के छोटे हातों में एकाध वल्ब जल रहे हैं...जिनकी हल्की रोशनी में पौधों, दीवारों या खड़ी हुई कारों के भाग चमक रहे हैं...

सीढ़ियों में अँधेरा है...मैं सँभल-सँभलकर सीढ़ियाँ उतरने लगता हूँ।

लांज के सामने ही एक लैटर-बॉक्स है। उसमें पत्र डालकर मैं चारों ओर देखता हूँ—नहीं सचमुच काफी रात हो गई है, लेकिन एक कप चाय पीने की इच्छा जोर मारती है। मैं आगे बढ़ने लगता हूँ, घर, झोंपड़ियाँ, ताजमहल...पेट्रोल पम्प, लकड़ी-कोयले के टाल, मोटर वर्क्स...चौराहे के पास दो-एक दुकानें खुली

हुई हैं, और शायद सिकन्दराबाद के लिए अन्तिम बस चौराहे पर मुड़ रही है...होटल में रिकार्ड बज रहे हैं...और होटल के लड़के तन्दूर-बिरियानी चिल्लाते हुए दौड़ रहे हैं...

चाय पीता हुआ मैं इधर-उधर देख रहा हूँ—होटल में सजे हुए तरह-तरह के साबुन-मंजन, बिस्कुट, टाफियाँ...।

जो दस-ग्यारह साल का लड़का मुझे चाय देकर गया था, वह अब स्वयं भी एक टेबल पर बैठा हुआ तन्दूर रोटी किसी चीज़ में भिगो-भिगोकर खा रहा है। होटल के दूसरे लड़के उसे चिढ़ाने के लिए, प्लेट पर रखी हुई रोटी के टुकड़े ले-लेकर भागते हैं और फिर वापस रख देते हैं।

एक लड़का रिकार्ड बदल रहा है—"आँखों से जो उतरी है दिल में...है शमा जिसे खुद ढूँढ़ रही क्या बात है उस परवाने की...।"

पैसे देकर बाहर आ जाता हूँ...'दीपक महल' के आगे रिक्शों की भीड़ है, हालाँकि अभी शो के छूटने में थोड़ी देर है...

नई और पुरानी इमारतों का शहर...नई और पुरानी तहज़ीबों का शहर...रूमानी मौसमी और शायराना ख्यालों का शहर।...गोया रात भी कई तरह से बँट जाती है...

सिकन्दराबाद का कट्टा...पुल पर पड़ी हुई बेंचों की आकृतियाँ और पानी पर झिलमिलाती हुई रोशनियाँ...बाग़े-आम का अँधेरा-उजेला...शहर के भीतरी और बाहरी हिस्सों में बनी हुई आलीशान नई और पुरानी इमारतें...और बागात, रात को तेज़ी से दौड़ती कारें और ढलवाँ सड़क पर फिसलते हुए रिक्शे... निऑन सायन और ढिबरियाँ...होटल, बार और झोंपड़ियों के पास की चाय की दुकानें...बसता हुआ फ़िल्मी संगीत और खामोशियाँ-तनहाइयाँ...रात को सुनाई पड़नेवाली रेल की सीटियाँ, मिल के भोंपू...लड़कों की मासूम आँखें ...नशों में डूबी हुई आँखें...नींद से भरपूर आँखें...बीती हुई यादें, रातें और उनकी परछाइयाँ....सुख की गरमाहट और गम का अँधेरा...सपने और आँखों से उड़ी हुई नींद...

रात कितना कुछ देखती है, सुनती और सहती है...उजाले में आश्वस्त और अँधेरे में डरकर सरकती हुई कितना-कुछ, जिसे सिर्फ कोई अकेले नहीं देख और जान सकता...

नैनीताल

पिक्चर खत्म हो गई थी। सिनेमा हाउस के बन्द दरवाजे एक-एक करके खुलने लगे थे। ठंडी हवा का ताज़ा और सुखमय झोंका अचानक गालों को छूने लगा, तो हम लोग भी कैपिटल (पिक्चर हाउस) से बाहर निकले। बाहर फ्लैटों में रोशनियाँ जगमगा रही थीं और माल रोड पर दूर तक खूबसूरत साड़ियाँ, ग़रारे, सलवारें और घेरदार स्कर्ट अपने और पराए मर्दों के साथ लहराते, इठलाते, सँभलते और सँभल-सँभलकर फिसलते हुए घूम रहे थे—तीसरे पहर से बन्द सिनेमा-हाउस में बैठे-बैठे दम घुट-सा रहा था, इसलिए मैंने अपने साथी का हाथ पकड़ा और नैनी देवी के मन्दिरवाली सड़क होते हुए, दूसरे किनारे तल्लीताल तक पैदल चहलक़दमी करने की ठानी। शाम की ठंडी हवा और नैनीताल के परिचित वातावरण ने प्रतिक्षण आगे बढ़ने को उकसाया और हम धीरे-धीरे झील के किनारे-किनारे बैद-मजनूँ की डालों से उलझते हुए और छोटे-छोटे से पत्थरों को ठोकर मारते हुए आगे बढ़ते गए। सड़क के दूसरे पार पहाड़ी पर बने हुए होटलों में तेज रोशनियाँ जल रही थीं। शाम हो चली थी, सूर्य अस्त हो चुका था, लेकिन यात्रियों की टोलियाँ अब भी तल्लीताल से पल्लीताल आ-जा रही थीं। मर्द आम तौर से पैदल चल रहे थे और औरतें डाँडी पर सवार थीं और बैठे-बैठे हाँफ रही थीं या अपने-अपने पर्स में से लिपिस्टिक निकालकर होंठों की लाली गहरी कर रही थीं। बच्चे खच्चरों पर सवार थे और साथ-साथ कुली और खच्चरों के मालिक चल रहे थे। सीज़न यौवन पर था। नैनीताल की सुन्दरता और सजावट भी किसी नई-नवेली दुल्हन की तरह निखर आई थी। नए फिल्मी गानों के रिकार्ड पूरा गला फाड़कर चीख रहे थे और हम तल्लीताल की ओर बढ़ रहे थे। मेरे हाथ में अब तक मेरे साथी का हाथ था और माना कि कई अवसर और कई चेहरे ऐसे रास्ते में मिले थे कि मेरे साथी के हाथ का अब तक मेरे हाथ में होना केवल अचम्भे ही की नहीं दुख की बात थी, लेकिन वह हाथ अब भी मेरे

हाथ में था और कहीं दिल के बहुत अन्दर कोई गुनगुना रहा था–"तेरा हाथ हाथ में आ गया कि चिराग़ राह में जल गए।"

तल्लीताल तक पहुँचने पर और सिर्फ एक मील की यात्रा तय करने पर मेरे पाँव थक चले थे और किनारे पर लगी हुई खूबसूरत सजी-सजाई किश्तियाँ घमंडी शहजादियों की तरह साहिल के गावतकिए पर अपनी कमर टिकाए हवा की लहरों पर झकोले खा रही थीं और जब माँझी पुराने भाटों की तरह अपनी किश्तियों की सुन्दरता, सफाई और विशालता के गुण गाते हुए हमें घेरने लगे तो आखिरकार एक ऐसे माँझी और एक ऐसी किश्ती पर आकर मेरी नज़रें ठहर गईं जो बीते दिनों का हर थपेड़ा खाए मालूम होती थी। माँझी को मैंने पहली ही नज़र में पहचान लिया। बीस साल पहले जब मैं पहली बार नैनीताल आई थी तो पूरे सीजन इसी माँझी की किश्ती हम भाई-बहनों के लिए सुरक्षित कर दी गई थी। माँझी चीड़ के लम्बे-काले पेड़ के समान ऊँचा और काला था और जब मैं उसे देखती तो फौरन ही मुझे नैनीताल की सबसे ऊँची चोटी चायना-पीक का ध्यान आ जाता था। वैसे किसी मनुष्य और किसी पहाड़ की चोटी की तुलना करना कुछ विचित्र-सा लगता है। अब मुझे भी ऐसा सोचना कुछ अटपटा, विचित्र और अनुचित-सा लगता है, लेकिन उस समय बचपन में कुछ विचित्र नहीं लगता था। और कुछ अनुचित मालूम नहीं होता था। सब कुछ सम्भव था और सब कुछ सुन्दर लगता था। कभी-कभी जब माँझी चप्पू चलाते-चलाते अचानक किसी कारण अपनी किश्ती में खड़ा हो जाता तो सामनेवाली चायना-पीक की चोटी अचानक छिप जाती और मुझे एक पल के लिए कुछ ऐसी शंका होने लगती कि एक मनुष्य एक पहाड़ से किसी समय भी ऊँचा हो सकता है। आज वह शंका विश्वास में बदल चुकी है, जब गगनचुम्बी पहाड़ की चोटियाँ ही नहीं, आकाश की भव्यता भी मनुष्य की इच्छा-शक्ति की डगर बन चुकी है।

मैंने माँझी को पहले पहचान लिया, उसने मुझे नहीं पहचाना और हमारे बैठने के बाद धीरे-धीरे किश्ती को खेकर झील के बीच में ले आया और खुद उसने वही पुराना, जाना-पहचाना पहाड़ी गीत छेड़ दिया, जिसके बोल उस समय भी अजनबी थे और आज भी उतने ही अपरिचित थे। लेकिन उसकी धुन, उसकी तर्ज़ और उसकी तान उतनी ही परिचित, उतनी ही अपनी, उतनी ही हृदय-भेदी जितनी कि कभी खत्म न होनेवाली किसी भी आशा की तान हो सकती है।

किश्ती झील के बीच में थी। चाँद ऊँची पहाड़ियों के पिछवाड़े से उभर रहा था। धुन्ध का सफ़ेद और रुपहला धुआँ वातावरण में तैर रहा था। झील के चारों ओर के पहाड़ों पर घरों, होटलों, झोंपड़ों, दफ़्तरों और मन्दिरों में जलती हुई रोशनियाँ रात के सन्नाटे में ऐसी लग रही थीं, जैसे किसी अनजानी शक्ति ने वातावरण के वस्त्रों में हीरे टाँक दिए हों।

माँझी का गीत खत्म हुआ तो चारों ओर शान्ति और सन्नाटा था। केवल चप्पू की आवाज़ थी जो लहरों के साज़ पर गुनगुना रही थी। कभी-कभी बराबर से गुज़रनेवाली किश्ती में से हँसी की मद्धिम झंकार सुनाई देती थी। किश्ती में बैठनेवालों के चेहरे, कपड़े और उम्रें सब धुँधलके में डूबे हुए थे, फिर भी केवल हँसी की आवाज़, सिर्फ़ कपड़ों की सरसराहट और सिर्फ़ चप्पू की उछाल से अच्छी तरह अन्दाज़ा लगाया जा सकता था कि किस किश्ती में कौन-सा दुख सिसक रहा है, किस किश्ती में कौन-सा दर्द कराह रहा है, और किस किश्ती में नव-विवाहित जोड़ा है और किस किश्ती में ऐसा जोड़ा सवार है, जिसका मिलन अन्त तक असम्भव है। किस किश्ती में कौन-सा वियोग मचल रहा है और किस किश्ती में कौन-सी विरहिन पीड़ित है। किश्तियाँ पास आतीं, फिर दूर हो जातीं, उन यात्रियों के समान जो रात के सन्नाटों में कभी सूनी राहों में एक पल के लिए एक-दूसरे से मिलते हैं और अपने सारे अजनबीपन और परायेपन के साथ अलग-अलग राहों पर बढ़ जाते हैं—या अल्लाह जब अजनबीपन और परायेपन का जादू ऐसे ही रखना था तो फिर यह क्षण-भर की मुलाक़ात भी क्यों—यह एक नज़र, एक मुस्कान, एक छटा भी क्यों ? यदि पृथ्वी कठोर है, सूर्य पराया है, चाँद अजनबी है, सितारे ग़ैर हैं, राहें पथरीली हैं, और न्याय निर्दयी है, तो फिर ए ख़ुदा तू ही बता, तेरे ये सादालीह बन्दे किधर जाएँ ?

रोशनियाँ पास आ रही थीं। किनारा उभर रहा था। यॉट-क्लब में अंग्रेज़ी धुनें थरथरा रही थीं और किनारे से बँधी हुई क्लब की बादबानी किश्तियाँ अपने भाग्य पर निर्भर सर झुकाए, आदरपूर्वक बाँदियों की तरह आज्ञा-पालन को तैयार नज़र आ रही थीं। उनके मालिक इस समय क्लब में रतजगा कर रहे थे, धूम मचा रहे थे और सुबह की किश्तियों की रेस और हार-जीत का ज़िक्र कर रहे थे—झील के किनारे-किनारे फूलों की क्यारियों से बचते-बचते हम लोग यॉट क्लब में दाखिल होने लगे। गेट पर बैठे हुए क्लब के पहरेदार ने हमें ध्यान से देखा, पहचानने की कोशिश में अपनी छोटी-छोटी-सी आँखें और

भी छोटी कर लीं और आगे बढ़कर क्लब की मेम्बरी का कार्ड देखने का विचार किया। हमसे पहले कई औरतें और मर्द बिना कार्ड दिखाए, अन्दर जा चुके थे, लेकिन उनके वस्त्र क़ीमती, उनके बटुए भारी और उनके तेवर तीखे थे, इसलिए पहरेदार को उनकी मेम्बरी में किसी तरह की शंका नहीं उठी। लेकिन मेरी सूती साड़ी की सलवटें, बटुए का हल्कापन, मेरे साथी की कोमल मुस्कराहट और कमीज़ का थोड़ा-सा उधड़ा हुआ कालर पहरेदार की हिम्मत बढ़ाने को बहुत था। माना कि मेरे बटुए में क्लब की अस्थायी मेम्बरी का कार्ड मौजूद था और उसी शाम मॉडर्न सिल्क-हाउस से खरीदी हुई पच्चीस रुपए की एक सिल्क की साड़ी का कैशमीमो भी था, देसी बनी हुई लिपस्टिक भी थी, एक रेस्तराँ का, नकली घी से पके हुए बासी पकोड़ी का और मूँगफली और गुड़ की टॉफी का और दो कप चाय का, चार रुपए छियालीस नए पैसे का एक बिल भी था। फिर भी पहरेदार हमें शंका भरी नज़रों से देख रहा था। कार्ड देखकर उसने हमें सर से इशारा किया, अन्दर जाने का—और खुद क्लब के एक अफसर के कुत्ते की ज़ंजीर थामकर उनकी मेम साहब का आदर करने लगा।

यॉट क्लब के अन्दर की दुनिया किसी इन्द्र सभा के समान रहस्यमयी, रंगीन, सुन्दर और मचलती-थिरकती हुई नज़र आ रही थी। चारों ओर राजा इन्द्र थे और हर तरफ़ अप्सराएँ थीं—दुख और दर्द, पीड़ा और गरीबी, बीमारी और कष्ट कहीं झील के गहरे और गँदले पानी की तहों में अचल सो रहे थे या अपनी मौत मर रहे थे। इन्द्रलोक में अप्सराएँ नृत्य कर रही थीं और देव उनकी रक्षा कर रहे थे—लाउंज में बार के काउंटर पर सर टिकाए स्टूल पर बैठनेवाले वे आज्ञाकारी पति थे, जिनकी बीवियाँ इस समय इन्द्रलोक के किसी कोने में किसी देव या देवता का दिल बहला रही थीं। या लकड़ी के चिकने फ़र्श पर किसी नए आदमी और किसी नए रेकार्ड की धुन पर फूलों की डालियों के समान लचक-लचककर इस तरह झूल रही थीं जैसे बसन्त ऋतु के प्रथम दिवस का स्वागत कर रही हों।

कुछ औरतें, जिनके पति ब्रिज-रूम में थे या बिलियर्ड खेल रहे थे, बहुत उदासी से क्लब के छूते हुए बरामदे में बेंत की रंगीन कुर्सियों पर बैठी-बैठी गरम-गरम कॉफ़ी से या शेरी के तीव्र व तेज़ घूँट से अपने मूड के कड़वेपन को और भी कड़वा कर रही थीं। बरामदे के एक विशेष कोने में मेरी खूबसूरत सहेली उबैदा दो-तीन कुशनों का सहारा लिए बैठी थी। उसकी रुपहली काली

साड़ी ने उसकी सुन्दरता को और भी निखार दिया था। उसके सुनहरे बालों की एक लट बार-बार उसके चम्पई गालों पर बिखर जाती थी और बालों की इस शरीर लट की यह हरक़त उबैदा का मूड खराब कर देने के लिए बहुत थी। उसकी आरामतलबी का यह हाल था कि यदि उसे गरदन मोड़कर किसी मित्र से 'हलो' भी कहना पड़ जाता तो थकन से उसके चेहरे पर शिकन पड़ जाती थी। उसकी गणना कई वर्षों से क्लब की अनुपम सुन्दरियों में की जाती थी और वह अपने इस मान और उचित अधिकार से परिचित भी थी, लेकिन इस सीज़न में अचानक क्लब में, दिल्ली, बम्बई और कलकत्ते से आ जानेवाली युवा लड़कियों ने धूम मचा दी थी। रॉक-एन-रोल जो कुछ वर्ष पहले एक आधुनिक नृत्य समझा जाता था, इन लड़कियों ने बिलकुल आउट ऑफ़ डेट कहकर रख दिया था। और रम्बा-सम्बा तो रॉक-एन-रोल से भी अधिक आयु वाला मान लिया गया था। अब तो ट्विस्ट का समय था और ये लड़कियाँ अपने ही जैसे कम आयुवाले लड़कों की संगत में जब ट्विस्ट नाचती थीं, तो लगता था जैसे शरीर व जान का रस खिंच जाएगा।

इन लड़की-लड़कों के शरीर पर कपड़ों की तुहमत मढ़ी हुई थी जिसे उन्होंने वस्त्र का नाम दे रखा था। दूर से देखने पर पता चलता था, जैसे बल खाई हुई छबीली-छरैरी नागिनें फूलों पर मँडरानेवाले टिड्डों के साथ क्रीड़ा में मग्न हों। उबैदा के लिए इन लड़कियों ने बड़ा गम्भीर विषय खड़ा कर दिया था और कभी-कभी वे उसके पति के नाते से उसे आंटी भी पुकार जाया करती थीं और उस समय मेरी सुन्दर सहेली के सुन्दर चेहरे पर जो-जो रंग आते थे, वे देखने योग्य होते थे। मुझे सुन्दर औरत पर बड़ी दया आती है। सुन्दरता अमर नहीं है। कुरूपता भी अस्थायी नहीं है। लेकिन कुरूपता में बिगड़ने की विशेषता कम होती है, अतः कुरूपता का आदि भी कुरूप होता है और उसका अन्त भी कुरूपता है, इसीलिए कुरूपता सुन्दरता की सदा चैलेंज करती मालूम होती है, अतः हम तो कुरूप होकर और भी कुरूप हो जाएँगे और–'तू कहाँ जाएगी, कुछ अपना ठिकाना कर ले...' जो औरतें कुरूपता के इस मत पर शीघ्र चलने लगती हैं, वे बहुत सारी मानसिक पीड़ाओं से बच जाती हैं। लेकिन जो औरतें कुरूपता के कुरूप मत को मानने में झिझकती हैं उनका अन्त भी बहुत कुरूप होता है।

लाउंज के एक कोने में कभी-कभी बड़ी महारानीजी बैठी नज़र आती हैं। बड़ी महारानीजी किसी समय में एक बड़ी रियासत के एक बड़े महाराजा की

महारानी थीं, लेकिन महाराजा की मौत और ज़मींदारी की खात्मे से उनको ऐसे-ऐसे दुख सहने पड़े थे कि वह फूलकर कुप्पा हो गई थीं। दुखों का निवारण करने के लिए उन्होंने कई खानदानी कुत्ते और एक खानदानी नौजवान मैनेजर पाल रखा था। कुत्ता और मैनेजर के बीच बड़ी लाग-डपट रहती थी।

महारानीजी बड़ी दूरदर्शी थीं। वह इस जलन को बनाए रखना चाहती थीं, इसलिए कि उन्हें स्वयं भरोसा नहीं था कि आगे चलकर उनके कुत्तों और उनके मैनेजर में कौन ज़्यादा आज्ञाकारी या लाभदायक सिद्ध होगा...रानीजी के बराबर, अक्सर दो मन के हल्के-फुल्के वज़नवाली मिसेज़ डोली गुलाबचन्द बैठा करती थीं। मिसेज़ गुलाबचन्द, जो अब पैंतीस वर्ष की हो चुकी थीं, शादी के पहले केवल एक बच्चे की और शादी के बाद दो बच्चों की माँ भी बन चुकी थीं, लेकिन अपने माँ-बाप की इकलौती बेटी थीं, इसलिए अब तक बेबी डोली ही कहलाती थीं और अधिकतर अपने सीधे हाथ की एक उँगली अपने होंठों में दाबे रहती थीं और बहुत शरमा-शरमाकर बातें करती थीं। जब दूसरे लोग आसपास बोल-चाल रहे हों तब तो बेबी डोली कोई एक-आध वाक्य बोल लिया करती थीं, लेकिन कभी खामोशी में उनको एक शब्द भी बोलना पड़ जाए तो वह इस प्रकार शरमा-शरमाकर अपनी उँगली मुँह में घुमाती थीं, जैसे वह तीन बच्चों की माँ नहीं, कोई छह वर्षीय स्कूल में पढ़नेवाली वह बच्ची हो, जिससे किसी भीड़ में पहली बार नर्सरी-राइम सुनाने का आग्रह किया गया हो।

डोली गुलाबचन्द अपनी उमरवाली ही नहीं, अपने से छोटी औरतों को भी दीदी, आंटी या मौसी कहने को तैयार रहती थीं और बातचीत के बीच बार-बार ममी-डैडी, ममी-डैडी का ज़िक्र करती जाती थीं।

रियासतें खत्म हो चुकी थीं, जागीरें नष्ट हो गई थीं, ज़मींदारी का नाम-निशान मिटने लगा है, लेकिन राजा और रानी किस्से-कहानियों के सिवा अब बस नैनीताल ही में पाए जाते हैं। हर दूसरा आदमी राजा साहब है और हर दूसरी औरत रानीजी हैं। मुझे बहुत मज़ा आता था जब मैं इस तरह के आठ-दस लोगों को इकट्ठा बैठे देखती थी, जो बातचीत के बीच में एक-दूसरे को राजा साहब कहकर पुकारते थे। इसी तरह बेचारी महारानी भी एक-दूसरे को बड़े आदर-सत्कार और बड़े रख-रखाव से रानीजी और महारानीजी के सर्वनामों से पुकारती थीं और जाने किस घायल भावना की चेष्टा करती थीं।

किसी समय इस क्लब पर केवल अंग्रेज़ों का अधिकार था। अंग्रेज गवर्नर ने अपना दिल बहलाने को और सभ्य अंग्रेज आई.सी.एस. अफ़सरों ने मनोविनोद के लिए यह क्लब बनवाया था। हिन्दुस्तानियों को इसके पास फटकने की इजाजत नहीं थी। आज अंग्रेज़ चले गए हैं, लेकिन अधिकांश हिन्दुस्तानी आज भी ऐसे हैं जो इस क्लब में जाने के अधिकार से वंचित हैं। स्वामी के बदल जाने से आज्ञा थोड़े ही बदल जाती है। अब तो इस क्लब पर व्यवसायी लोगों का राज्य है और यह सभी जानते हैं कि इन्हीं लोगों के दम से क्लब आज़ाद है और सोसायटी सुरक्षित है।

रात गहरी होने लगी और भूख सताने लगी तो घर की याद आई और हम क्लब से बाहर निकले। बाहर डाँडीवालों ने घेर लिया। वे सब एक साथ अपनी-अपनी डाँडी में बिठाने की इस ज़ोर-ज़ोर से इच्छा करने लगे कि विवश होकर और इच्छा न होने पर भी मुझे एक डाँडी पर बैठना पड़ा। चार मज़दूरों ने डाँडी सँभाली और हाँफ-हाँफकर आगे बढ़ना शुरू किया। बाज़ार अब भी खुला हुआ था, रोशनियाँ अब भी चमक रही थीं। तानें अब भी थिरक रही थीं, लेकिन माल रोड पर घूमनेवालों की संख्या कम होने लगी थी। साधारणतः अपने-अपने ठिकानों पर लोग लौटने लगे थे। 'व्लेरियू' में बड़ी चहल-पहल थी। बैरे बड़ी तेज़ी से आ-जा रहे थे...आगे मल्लीताल का बाज़ार था। सड़क के इधर-उधर बैठनेवाले फेरीवाले अपना सामान समेट रहे थे। लखनऊ की ठस्सेवाली मनिहारन और नकशीन शृंगार की चीज़ें बेचनेवाली तिब्बत की औरतें अपने-अपने सामान की गठरियाँ बाँध चुकी थीं। सब्ज़ी की दुकानें खत्म हो रही थीं। हलवाइयों ने कढ़ाव चढ़ा रखे थे और गरमा-गरम पूरियाँ तल रहे थे। आगे फ्रूट मार्केट था। आम के छिलके मार्केट के बाहर सड़ रहे थे। और हवा में नाशपाती, आड़ू और खूबानी की महक तैर रही थी। भुने हुए पिस्ते की महक भूख को और भी चमका रही थी। मुझे रह-रहकर अपनी उस सहेली का विचार आता, जिसकी मैं मेहमान थी और जो खाने पर मेरा इन्तज़ार कर रही थी। 'मैटरो-पोल' जानेवाली खामोश सड़क नज़रों से ओझल हुई तो आगे चलकर सेक्रेटेरिएट की विशाल गगनचुम्बी इमारत नज़र आई। सामने बाग था। ग्लेड्यूला और डेलिया के रंगीन, लुभावने और सुन्दर फूल सर उठाए खड़े थे। आगे कुछ ऊँचाई पर पानी का नल था और लकड़ी की बेंच थी—कुछ बच्चे पानी पी रहे थे, कुछ औरतें बेंच पर सुस्ता रही थीं और मर्द धीरे-धीरे आगे बढ़ रहे थे—ऊँचा चढ़ने पर डांडीवालों ने आराम लेने के लिए डाँडी नीचे

रखी और खुद पानी पीने नल पर चले गए। डाँडी सड़क के एक कोने पर पहाड़ी से बहुत पास रखी थी और पहाड़ी पर उगी हुई घास और फ़रन, ममीरे और जाने किस-किस पौधे की मिली-जुली खुशबू ने मेरे दिल को जाने कितनी पुरानी बिछुड़ी हुई यादों से आलिंगित कर दिया है। इस महक ने कैसी-कैसी यादों के जादू जगा दिए हैं ! पन्द्रह-बीस साल पहले बिताई हुई नैनीताल की सुन्दर घड़ियाँ बार-बार झिलमिला-झिलमिलाकर सामने आ-जा रही हैं—कितने आँसू, कितनी मुस्कानें, कितनी इच्छाएँ, कितनी आँखें और कितने चमकीले रात-दिन...यादों के इस झरोखे में नज़र आ रहे हैं। डाँडीवाले आ गए है—हम और ऊँचे उठ रहे हैं—और अब सुइज़ होटल के पेड़ों में छिपी हुई हरी लकड़ियोंवाली इमारत नज़र आ रही है। बालकनी में कोई खड़ा है—किसी को हाथ भी दिखा रहा है—पर शायद यह मेरा भ्रम है। सुइज़ होटल में पूर्ण शान्ति और सन्नाटा है। डिनर का समय है, सब लोग डायनिंग हॉल में होंगे। फिर यह कौन है जो हाथ हिला रहा है ?—'कोई नहीं है'—'कोई नहीं है'—मैं अपने दिल से कहती हूँ और डाँडी एक मोड़ पर मुड़ जाती है। बलरामपुर हाउस का फाटक बन्द है और अँधेरा गहरा हो चला है। हाँ डाकियों के क्वार्टरों में अब भी रौनक और चहल-पहल है। बच्चे खूब लड़-झगड़ रहे हैं, घरों से धुआँ उठ रहा है। औरतें खाना बना रही हैं, मर्द खाना तैयार होने का इन्तज़ार कर रहे हैं।

अब हल्की-हल्की-सी बूँदा-बाँदी होने लगी है। लेकिन अगला मोड़ मेरी सहेली के सुन्दर मकान में मुड़ता है। सामने घर का फाटक नज़र आता है। हवेली अभी दूर है और इतनी दूर से घर एक सुन्दर चित्र के समान मालूम हो रहा है। कुत्ते भोंक रहे हैं और मैं घर के बरामदे में उतर जाती हूँ। डाँडीवाले अपना किराया और इनाम लेकर चले जाते हैं। मैं अपनी सहेली के साथ खाने के बड़े हॉल में प्रवेश करती हूँ। हम अपनी-अपनी 'शामों' का ज़िक्र खाने की मेज़ पर करते हैं। अन्तिम कोर्स खत्म करके अपने-अपने कमरों में चले जाते हैं, सोने के लिए।

मुझे नींद नहीं आ रही है...बाहर बरामदे में निकल आती हूँ। सामने की पहाड़ियों के इक्का-दुक्का मकानों में रोशनी हो रही है, पहाड़ी जुगनुओं के समान। मेरी सहेली का सुन्दर बाग चाँदनी में और भी निखर आया है। संगमरमर के गमले नगीनों के समान दमक रहे हैं। फूल बहुत सुन्दर हैं, बहुत ही सुन्दर हैं। मैं अपने से कहती हूँ—'पर इतने सुन्दर नहीं हैं जितने पहले थे'

और अचानक माली के क्वार्टर से ज़ोर-ज़ोर की बातों की आवाज़ें आने लगती है। मैं आगे बढ़ती जाती हूँ—माली अपने बच्चों पर बिगड़ रहा है जो भूख से रो रहे हैं। वे तीन छोटे-छोटे-से बच्चे हैं। सबसे बड़ी बच्ची, जिसकी उम्र मुश्किल से आठ वर्ष की होगी, चूल्हा फूँक रही है। लकड़ी गीली हैं और लड़की अनाड़ी है और बहुत छोटी है, कैसे रोटी जल्दी पक जाए ? लेकिन माली भी क्या करे, वह भी तो छह महीने से दुख की गीली लकड़ियों में सुलग रहा है—छह महीने हुए उसकी सुन्दर और कोमल मालिन अचानक कैंसर से पीड़ित होकर देखते-देखते ही खाक में मिल गई थी। मुझे याद है, जब मैंने पहली बार मालिन को बाग में काम करते देखा था तो थोड़ी देर के लिए सन्न होकर उसको देखती रह गई थी।

विचित्र थी उसकी सुन्दरता। सर से पाँव तक साँचे में ढली हुई वह वास्तव में सृष्टि की अनुपम छटा थी। वह स्वयं अपनी सुन्दरता से अनभिज्ञ थी। और उसके इस भोलेपन ने उसकी सुन्दरता को और अधिक निखार दिया था। भोलेपन तथा कोमलता का यह हाल था कि जब वह अपने छोटे-छोटे से बच्चों के घेरे में खड़ी होती थी, तो सबसे ज़्यादा अबोध और भोली-भाली खुद ही नज़र आती थी। फूलों की क्यारी में खड़ी होती तो स्वयं एक रंगीन और विकसित फूल के समान ताज़ा और लचकती हुई-सी लगती थी। माली उस समय हर वक़्त बाग़ की देख-रेख में जुटा रहता, जबकि हम सब जानते थे कि केवल बाग़ ही का नहीं, यह उसकी मालिन का खिंचाव है जो उसे हरदम फूलों के इधर-उधर भौंरे के समान मँडराने को बाध्य करता है। मृत्यु बड़ी भयानक चीज़ है और जवानी की मृत्यु तो दुख का छोर होती है। लेकिन मुझे निजी तौर पर सौन्दर्य की मृत्यु से बड़ा दुख होता है। मालिन के विषय में जब मुझे मालूम हुआ कि वह कैंसर जैसे जानलेवा रोग में ग्रस्त हो गई है, तो हफ़्तों मेरी रातों की नींद उचाट हो गई थी। मेरा मन रह-रहकर व्याकुल हो उठता। मालिन का फूल-जैसा मुखड़ा मेरे अन्तर-पट पर सदा छाया रहता था। मेरी सहेली ने अपनी मालिन का हर सम्भव इलाज किया—उसे अस्पतालों में रखा, उसका ऑपरेशन कराया और उस पर धन व्यय किया, लेकिन मृत्यु की निर्दयता ने माली और उसके छोटे-छोटे बच्चों से उनकी हरी-भरी दुनिया अचानक छीन ली। माली उस पेड़ के समान नज़र आने लगा जिस पर अकस्मात बिजली गिर पड़ी हो और बच्चे उन मुरझाए हुए पौधों—जैसे दिखाई देने लगे जिन्हें एक समय से पानी न मिला हो। और अब तो

स्वयं माली के उस बाग़ की हालत भी दयनीय नज़र आने लगी जिसे उसने वर्षों अपनी मेहनत के पसीने से सींचा था। यह बाग़ किसी समय नैनीताल के कुछ सुन्दर बाग़ों में गिना जाता था, लेकिन मालिन की मृत्यु ने इस बाग़ को एक विचित्र प्रकार के आन्तरिक दुख से मिला दिया था। वह जीवित थी तो उसका माली और बाग़ का प्रत्येक पौधा और उसका हर बच्चा हँसता, मुस्कराता और गुनगुनाता नज़र आता था। आज बाग़ का हर पौधा और माली का हर बच्चा मुरझा चला है—माली का जी अब किसी काम में नहीं लगता है। उससे अब काम भी नहीं होता है। वह स्वयं ऐसा कहता है।

बूँदें तेज़ होने लगी हैं। मैं धीरे-धीरे चलकर अपने कमरे में जाती हूँ, बिस्तर पर लेट जाती हूँ और देर पर टीन की छत पर बारिश की झंकार सुनती रहती हूँ। बारिश कभी तेज़ हो जाती है कभी मद्धिम सुरों में लोरी सुनाती प्रतीत होती है। कभी-कभी हवा के तेज़ झक्कड़ों की भयानक आवाज़ें भी सुनाई दे जाती हैं—बिजली चमकती है तो रोशनदान में जैसे अचानक खंजर चमक जाता है। लेकिन यह खंजर किसी हत्यारे का खंजर नहीं, पहाड़ी हवाओं की खानाबदोश सुन्दरी का वह खंजर मालूम होता है, जो वह तूफ़ानों के देवता को प्रसन्न करनेवाले नृत्य में लेकर नाचती है। हवाओं का यह जंगली नृत्य जाने कब तक चलता रहता है—मेरी तो पलकें बोझिल होने लगी हैं।

अभी-अभी मेरी नींद टूटी है—रात बिछुड़ रही है, शायद अँधेरे का जादू टूट रहा है।

मैं गरम शॉल लपेटकर खिड़की में आकर खड़ी हो जाती हूँ—बरसात थम चली है, खिड़की के शीशों पर पानी की बूँदें सच्चे मोती की तरह चमक रही हैं।

चायना-पीक की चोटी अब भी सफ़ेद-सफ़ेद बादलों में छिपी हुई है। सामने एक ओर बादल कुछ-कुछ छँट रहे हैं और आकाश की नीलाहट नज़र आने लगी है। सुबह का सितारा किसी की किस्मत के सितारे की तरह टिमटिमा रहा है—और दीनता के चिराग के समान जल रहा है और बुझ रहा है—जल रहा है और बुझ रहा है...जल रहा है...जल रहा है...जल रहा है।

लखनऊ

सावन की झड़ी लगी है। पनाले तड़-तड़ बह रहे हैं। शहर की नालियों में पानी सलसल-सलसल जा रहा है। हर गली, हर कूचे-सड़क पर, पाँच सौ सोलह मुहल्लों में आबाद लखनऊ नगर के इकतालीस हज़ार मकानों की छतों, छज्जों, आँगनों और टूटी छतवाले कमरों में बरखा का ज़ोर-शोर है।

हुसैनाबाद के छोटी-छोटी कोठरियोंवाले खलार के घरों में पानी भर रहा है। मुर्गे-मुर्गियों की ढाबलियाँ ऊँचे पर उठा-उठाकर धरी जा रही हैं। ढिबरी-लालटेनों को हवा-पानी के रुखों से बचाया जा रहा है। बच्चे नींद के माते हड़बोंग से जगे चेंचें-पेंपें-भोंभों के सुर काढ़ रहे हैं, औरतों की चिचियाहट में बरसात का शोर डूबा जा रहा है।

"अरी अम्माँ साँप !" दो खाटों को सटाकर उन पर सिमटे बैठे सारे परिवार को चौंकाते हुए मम्मद का बड़ा लड़का बुलाकी एकाएक चिल्ला उठा। दीवार के पास खूँटी पर घर का सबसे क़ीमती गहनों-कपड़ोंवाला बक्सा रस्सी से बाँधकर लटकाते टखनों से ऊपर तक कोठरी के भरे पानी में खड़ा मम्मद एकदम घबराकर पलटा, "कहाँ है साँप ?" उसने रस्सी-बँधा बक्सा चारपाई पर रखा और झट से आप भी चढ़ आया। बस फिर तो चीख-पुकार मच गई। "बाँस लाओ। चारपाइयों के नीचे न घुसने पाए। अरे मचक के मत चल, खाट टूट जाएगी तो और आफत। लौंडों, चुप ससुरो, यहाँ साँप निकला है। ये रहा। हाय अल्ला, ये तो काला नाग है, नाग। ऐ खैरतिया रे, बकरीदी, अरे कल्लू रे। अरे लट्ठ-गँड़ासा ले आओ रे, साँप निकला है साँप।"

साँप घबरा गया। अन्दर-बाहर की लालटेनों और बाँस की पानी में हलचल और खाट के पायों से होनेवाली खटपट उसे परेशान कर रही थी। कोठरी के दरवाज़े के सामनेवाली सीध में दीवार-से-दीवार तक फन उठाए वह पानी में तैर रहा था। और बीच में हिस हिस की आवाज़। अपना फन खाटवाले दुश्मनों की ओर उठाता था। बूढ़ा प्यारे धोबी बोला, "पड़ा खाली धर लो और उसमें

पकड़ने की कोशिश करो।''

घड़े की बात से मम्मद को छींके पर रखी उस टाट की बोरी का ध्यान आया जो वह सीमेंट बेचनेवाले लाला से दो दिन पहले ही माँगकर लाया था। उसमें सहसा वेग आ गया, फुर्ती से तहाई हुई बोरी खूँटी पर से उतारी और उसका मुँह दोनों हाथों से फैलाकर चारपाई के नीचे टाँगें लटकाकर, शिकार पकड़ने की मुद्रा में बैठ गया। बच्चों और घरवाली ने 'अब्बा, अब्बा, सुनते हो' की चीख-गुहार मचाई। बाहर के खुले द्वार पर छतरियाँ, बोरियाँ और प्लास्टिक के टुकड़े ओढ़े पड़ोसियों ने साथवाली दोनों लालटेनें आगे बढ़ाकर कोठरी में उजाला बढ़ाया। साँप चक्कर काटते और भीड़-भभ्भड़ से परेशान होकर कोठरी के द्वार और चारपाइयों के बीच में दायरा बनाकर फन झपट रहा था। मम्मद ने हाथ साधते-साधते सहसा झपट्टा मारकर साँप के फन पर बोरी का मुँह फेंका और बिजली की-सी फुर्ती से दोनों हाथ समेटकर साँप को पकड़ लिया। उसका फन बोरी के अन्दर और धड़ बाहर था। बाहरवाले वीर भी अब अन्दर आ गए। ''डोरी लाओ, इसे बाहर ले आओ, दुम न लपेटने पाए, मम्मद, सँभाल के, सँभाल के...'' की गुल-पुकार में बोरी का मुँह कस दिया गया। चार हाथ लम्बा काला नाग बेबसी में छटपटाने लगा। कोठरी के बाहर बोरी को पटकते ही उस पर लट्ठ पटकने लगे। थोड़ी देर में उसका खात्मा हो गया। सब लोग जीती लड़ाई के नायक बने शेखियाँ बघारने लगे। आपस के दुख-सुख पूछने लगे, अपनी (ग़रीबों की) दुर्दशा पर अमीरों और नेताओं को भद्दी-भद्दी गालियाँ देकर अपना बरसाती संकट मोचने लगे। इस हुल्लड़-भभ्भड़ में भी ईदू की कोठरी का दरवाज़ा न खुला था, रसीली हँसी के साथ मम्मद ने कहा, ''साला अपनी नई दुलहिन की बाँहों में लिपटा पड़ा होगा।''

एक रंगीन हँसी किसी के चेहरे पर कली-सी और किसी के फूल-सी खिली; खुशी की महक बिखेरकर लालटेन, छतरियों, बोरियों और प्लास्टिक चादरों के टुकड़ों से ढँके—विजयी, लाठियों को मस्त-अलसाए हाथों में थामे उन सीलन-भरी कोठरियों के निवासी लखनबी अपने-अपने घरों में आराम करने चल दिए।

मलिकाजहाँ की जामा मस्जिद, मुहम्मद अलीशाह के इमामबाड़े, शीशमहल के खंडहरों, नवाबों की तस्वीरोंवाली बारहदरी, सतखंडी कहलानेवाली चौखंडी अधबनी मीनार और नवाबी तालाब के पड़ोस में, उजड़े बाज़ार ज़िलोखाना

के क़रीब खलार में बने इस पुरानी लखोरियों के अहाते में चौमासे-भर ये आए-दिन का तमाशा है। पानी बरसता है, चारों ओर से सिमटकर खलार के गड्ढे में गिरता है, दो-ढाई घंटे की ज़ोरदार बरसात में वह गड्ढा तलैया-सा भर जाता है। अहाता उसके बीच टापू-सा नज़र आता है, कोठरीवाले चारपाइयों पर चारपाइयाँ रखकर सोते हैं। पानी से बचाने लायक सामान ढोकर ऊँचे पर रखा जाता है, साँपों का डर होता है, रातें यों ही गुज़रती हैं। किसी कल्लू के घर कठिन रोग-विरामी के ओसर पर यह बरसात की रात आती है, तो किसी बकरीदी के घर साँप निकलता है और कोई ईदू दीन-दुनिया से बेखबर अपनी नई दुलहिन के साथ सुहागरात मनाता है। छत के एक कोने से पानी यों बह रहा है, मानो पनाले की राह कोठरी के अन्दर ही खुल गई हो। अहाते का पानी कोठरी के बन्द दरवाज़ों और चौखट पर थपेड़े देता हुआ दरवाजे की सेंधों से एक फुट नीचे कच्चे फ़र्श पर झरने-सा झर रहा है। एक तख़्त पर चारपाई बिछाकर ईदू धोबी अपनी नई दुलहिन की बाँहों में सात आसमानों की बादशाही समेटे सो रहा है। पानी में पानी मिल रहा है। ईदू की कोठरी से लेकर हुसैनाबाद के तालाब और गोमती तक। घंटाघर गवाह है, लखनऊ के इस अहाते में रहनेवालों का वक़्त पीढ़ी-दर-पीढ़ी यों ही गुज़रा है।

समय बीतता गया, बढ़ता गया, जो कल था, वो आज नहीं। जो दो-चार घंटे पहले था, वो अब नहीं। रात के नौ-साढ़े नौ बजे तक आसमान साफ़ था, उमस भारी थी और दस बजे से फिर जो घटाएँ घुमड़ी हैं, पानी बरसना शुरू हुआ है तो ऐसा कि थमने का नाम ही नहीं लेता। एक-सी मूसलाधार बारिश हो रही है।

नई मल्कए-आलम-सी यह सदा सुहागिन रात नवाब-उल्-नवाब शहर लखनऊ को अपनी कोमल-कठोर बाँहों में पूरी तौर पर बन्दी बना लेने के लिए बड़ी बेताबी के साथ मचल रही है। आधे से भी अधिक नगर सूना हो चुका है। आवारा गायें और कुत्ते तक कहीं पेड़ों, बरामदों की छाँह तले दुबके बैठे हैं। पानी की बहती पर्त से मढ़ी कोलतार की सड़कें अपने-अपने प्रकाश के बमूजिब चमक रही हैं—साधारण बिजली के बल्वों से उजली सड़कों के सामने नियोन-लाइट्सवाली सड़कें यों चमक रही हैं जैसे अख़बारों में छपनेवाले इश्तहारी पॉलिश के जूते चमकते हैं। हज़रतगंज, लाल बाग़, केसर बाग़, चौक नखास, अमीनाबाद, जहाँ कहीं भी सिनेमा-हॉल हैं, अभी इंसानों की रौनक बाक़ी है। हज़रतगंज में एक सिनेमावाले बड़े बरामदे के नीचे रिक्शों की भीड़

ठँसी हुई है। बाहर कई मोटरें खड़ी बरसात में नहा रही है। घंटी बजती है, क़रीब-क़रीब पास-पास के समय में ही दो पड़ोसी सिनेमा हॉलों की घंटियाँ बजती हैं। भीड़ बाहर आती है, रिक्शों की भीड़ के आसपास की इंच-इंच जगह में किलबिलाती हुई भर जाती है। सवारियों के सौदे होने लगते हैं। सवारियाँ लेकर रिक्शे बरामदे से बाहर निकलने लगते हैं। मोटरें स्टार्ट होती हैं। पाँच-सात मिनट के अन्दर ही सन्नाटे का समाँ बँधने लग जाता है। बहुतों से भाव-ताव करने के बाद बाबू श्यामकिशोर अपनी पत्नी शीला के साथ महानगर जाने के लिए इक्का-दुक्का बचे रिक्शे में से एक पर सवार हुए। हज़रतगंज और नरही में दो-एक पान की दुकानें अब भी खुली हैं। सिनेमा से लौटते हुए दो-चार लोग गली में जाते हुए दिखलाई दे रहे हैं। आगे दो रिक्शे तेज़ी से दौड़ गए, फिर सन्नाटा छा गया। इन्कम टैक्स का दफ़्तर, नेशनल कॉलेज की इमारत और उनके आगे की, अगल-बगलवाली कोठियाँ खामोश रोशनियों में गूँगों की पाँत-सी खड़ी है, कहीं-कहीं ऊपर-नीचे की मंज़िलों में एक-आध कमरे के खिड़की-दरवाज़ों से प्रकाश छनकर बाहर आ रहा है। पति-पत्नी देखी हुई पिक्चर की बातें करते जा रहे हैं। एक काली मोटर उनके रिक्शे के पीछे-पीछे धीमी गति से आ रही है। रिक्शेवाला गर्दन मोड़कर उसे देखता है और फिर धीरे से कहता है, ''काली मोटर पीछा कर रहा है बाबू साहब।''

''काली मोटर ?''

''जी हाँ, शरीफ़ बदमाश हैं, सन्नाटे में हमला करते हैं। ज़नाना साथ है। मैं प्रेमनगर की गली में रिक्शा मोड़ता हूँ।'' कहकर रिक्शेवाले ने बाईं ओर हैंडिल मोड़ दिया और तेज़ी से पैडिलों पर पैर चलाए। काली मोटर रुकी। बाबू श्यामकिशोर और शीला के सहमे चेहरों पर सुरक्षा का सन्तोष झलका। रिक्शेवाला काली मोटर के करिश्मे बतलाने लगा। पिछले पाँच-छह महीनों में चार-पाँच बार रिक्शे पर जानेवाली जनानी सवारियों को सन्नाटे में पिस्तौल के ज़ोर से उतार ले जा चुकी है। अख़बारों में काली मोटर की खबरें छप चुकी हैं।...हाँ, शीला और श्यामबाबू दोनों ही पढ़ चुके हैं। ईश्वर ने बड़ी खैर की। ...लेकिन खैर अभी हुई कहाँ है, काली मोटर फिर गली में उनके पीछे-पीछे दिखलाई दे रही है। भगवान् दया करना, लाज रखना।

शीला का चेहरा फक्क पड़ गया; श्यामकिशोर के चेहरे पर भी हवाइयाँ उड़ने लगीं। रिक्शेवाला प्रेमनगर की परिक्रमा करने लगा, काली मोटर उसके

पीछे-पीछे घूमने लगी। पानी झड़ी बाँधकर बरस रहा है। रिक्शेवाला हवा और पानी से जूझकर रिक्शे को दौड़ाने की कोशिश कर रहा है, काली मोटर बाज़ की तरह झपट्टा मारकर आगे से धक्का देती है, रिक्शे का पहिया और हैंडिल मुड़ जाता है। काली मोटर रिक्शे को दुबारा धक्का देती है, रिक्शा लैम्प पोस्ट से टकराता है। रिक्शे का अगला पहिया नाली में धँस जाता है और रिक्शा टेढ़ा हो जाता है। श्यामकिशोर, शीला और रिक्शेवाले की बेसाख़्ता चीखें बारिश और हवा की शोर में जंगल की आवाज़ों-सी लहराकर खो जाती हैं। काली मोटर से चार बरसाती कोट-कनटोप पहने आदमी तेज़ी से उतरते हैं। एक अपने दोनों हाथों की पिस्तौलें तानकर श्यामकिशोर की गर्दन और रिक्शेवाले की पीठ से सटा देता है। दोनों के हाथ ऊँचे उठ जाते हैं। चार हाथ शीला को रिक्शे से खींचकर उतारते हैं, और हाथों की गिरफ्त कस जाती है। शीला क्रोध और विवशता के तीव्र आवेग में बेहोश-सी होने लगती है, लेकिन आवेग के तेज़ सैलाब में उसके सिर की नसें तन-तनकर उलट-पुलट हुई जाती हैं, वह अपने-आप ही में डूबी जा रही है। शीला काली मोटर के अन्दर पहुँच जाती है, पिस्तौलवाला भी भागकर मोटर में जा बैठता है। काली मोटर चल दी। रिक्शेवाला और श्यामकिशोर पत्थर-से जस के तस रह जाते हैं। काली मोटर जा रही है। शीला एक भीगे हुए बरसाती कोट से चिपके रहने के लिए मज़बूर है। कोट की गीली बाँह उसका मुँह दबोचे हुए है। नाक में बरसाती की रबड़ की बदबू और उसके सिर पर झुके हुए बरसाती कोटवाले आदमी के मुँह से निकलनेवाला शराब का भभका, बेबस शीला के मन-प्राणों की गहरी घुटन से भरता जा रहा है। होश अब अपने-आप ही में बेख़बर हुआ जा रहा है। उसके सीने के बटन खोले जा रहे हैं। दिल की सहमी धड़कने सहसा खामोश हो रही हैं। उसकी ठंडी छातियाँ लौंदे-सी बेजान हो जाती हैं और शहवत के खूँखार जोश से दीवाने बने शैतान भेड़िए के हाथ उन्हें ही नोंचने, उमेंठने में अपनी मर्दानगी की बहार देखते हैं। नित-नई हूरों और फ़िल्मों के मज़े लूटनेवाले शाहों, नवाबों, अमीरों और बाँकों की रूहें उस शैतान के जिस्म में उतरकर नवाबी लखनऊ की पुरानी यादों को नए सिरे से हरा करती हैं और शीला अपने सत, स्वाभिमान की रक्षा में विवश क्रोध की लाइन्तहाई में वहाँ पहुँच जाती है, जहाँ गई-गुज़री सदियों में सैकड़ों औरतों की रूहें गोमती, सरजू, घाघरा या कुओं के पानी में डूबकर पहुँची थीं। एक लाश एक जानवर के आगोश में लिपटी पड़ी है, हर दुख-दर्द, रंजोग़म से सूनी पड़ी, सो रही है।

रात की बाँहों में लखनऊ यों सो रहा है, जैसे उसे काली नागिन डस गई हो। काला साँप—काली मोटर—काला टेलीफ़ोन जो डेढ़ बजे रात में भी अपनी बातों का जहर शहर के सन्नाटे में भर रहा है...।

''वोट ऑफ़ नो कांफीडेंस पास होना ही चाहिए। रुपया तुम रेबड़ियों की तरह बाँटों जी और सुनो, एक्स और वाई को समझ गए न टिमाकेपुर वाले...हाँ-हाँ कल वोट के समय लखनऊ आने न पाएँ...अजी पचास तरीके हैं। रास्तों में मोटर-एक्सीडेंट नहीं हो जाते क्या ? हाँ-हाँ—समझदारी से काम करोगे तो कल शाम को तुम्हारी हैसियत बदल जाएगी।'' टेलीफ़ोन का रिसीवर रखकर नेताजी अपने पास ही बैठे हुए दूसरे नेता से बोले, ''पल्टूराम था। साले को डिप्टी मिनिस्टरी का लालच दिया है मैंने...।''

दूसरे नेता बिलहरे जी अपनी तीसरी उँगली में सिगरेट दबाए बैठे सुन रहे थे, बोले, ''वर्मा और शिरोमणि को बिना खुद फँसे, फँसा लेना आसान काम नहीं है छोगड़ जी।'' किसी दूर की कौड़ी लाने की फ़िराक़ में नज़रे साधे हुए छोगड़ जी तकिए का ढासना लगाकर बोले, ''पल्टूराम एक सिक्ख ड्राइवर को जानता है, उसके हाथ में एक्सीडेंट करने की बड़ी सफ़ाई है। तुम देख लेना, वर्मा और शिरोमणि कल लखनऊ के बजाय अपने ज़िले के अस्पताल ही में दिखाई देंगे। कुछ भी हो, इन सालों को कल उखाड़ ही फेंकना है। इसके दस वोट कट जाएँ तो हम मेजारटी से जीतेंगे।

''अरे भगवान् किरपा करें छोगड़ जी, मैं भविष्यवाणी करता हूँ कि अगले हफ्ते में गवर्नर आपको नई मिनिस्ट्री बनाने के वास्ते इनवाइट करेंगे।... भगवान, वो दिन शीघ्र लाएँ। तब हम भी झंडेवाली कार और कोठी के हकदार हो जाएँगे। भगवान् कसम हमारी घरवाली बरसों से रोज़ दो-चार बार ताने मार देती है कि बड़े-बड़े गधे मन्त्री हो गए और तुम्हारी देश-सेवा तुम्हारे कुछ भी काम न आई। हम यही कहते थे कि जब हमारे सच्चे नेता छोगड़ जी मुख्यमन्त्री बनेंगे, तब हमारी बेरी में भी फल लगेंगे।''

बातें सुनते-सुनते एकाएक उचककर गाव-तकिए पर बैठते हुए छोगड़ जी सोना-मढ़े विदेशी सिगरेट-होल्डर में लगी, विदेशी सिगरेट के धीमे-धीमे कश लगातार खींचने लगे। उनकी आँखों में चमक और चेहरे पर मुस्कान, रौब और गम्भीरता के पूरे आडम्बर के साथ भी खिली-खिली पड़ती है। बिलहरे जी की बात पूरी होते न होते घड़ी ने दो घंटे बजाए; बिलहरे जी आनन्द से उछल उठे, कहा, ''घड़ी ने दो घंटे बजाकर हम दोनों के लिए ही शुभ शगुन किया है।

बस, अब कल शाम को हमारी बिजे निश्चित है।''

छोगड़ जी की प्रसन्नता को भी घड़ी के घंटों ने काल की चोटी पर चढ़ा दिया। उसे इतना स्पष्ट झलकने से रोकने के लिए उन्होंने सहसा नाटकीय ढंग से चौंककर घड़ी की ओर देखा, कहा, ''अरे दो बज गए। मुझे कल सवेरे आठ बजे राष्ट्र सेवक समाज में भाषण करना है राष्ट्रीय संकट पर।''

''अच्छा तो अब मैं भी आपसे आज्ञा चाहूँगा।...अब तो शायद पानी बरसना भी बन्द हो गया है।''

''हाँ, ठहरिए, गाड़ी निकलवाता हूँ।'' कहकर छोगड़ जी ने उठकर अपनी मेज़ में लगी घंटी का बटन दबाया। बिलहरे जी समय की किसी न किसी बात से भरने के लिए सहसा कह बैठे, ''ये राष्ट्रीय संकट भी अब तो अजब ढकोसले की वस्तु हो गया है, सच पूछिए तो सरकारी अफ़सरों ने मन्त्रियों को खुश करने के लिए और मन्त्रियों ने मुख्यमन्त्री जी को खुश करने के लिए और मन्त्री जी ने नेहरू जी को खुश करने के लिए एक-एक ज़िले को सुरक्षा फंड के नाम पर लूट-लूटकर खुक्ख कर दिया। हमारे यहाँ तो डी.एम. ने लूट की हद कर दी। एक सर्राफ़ की पत्नी ने दो दिन पहले अपने सोने के गहने दान किए और दो दिन बाद उसी सर्राफ की दुकान पर बिकने आए। वो अपना माल पहचान गया। उसने डी.एम. को फ़ोन किया। डी.एम. खिसिया गए, बोले कि मेरी वाइफ ने धोखे से वह ज़ेवर भेज दिया होगा। वो लौटा दीजिए, मैं अपने भेजता हूँ। तो ये हाल है हमारी राष्ट्रीय नैतिकता के पतन का।''

इस बीच में नौकर आया, छोगड़ जी ने ड्राइवर को जगाने और गाड़ी निकालने का आदेश दिया, मगर बिलहरे जी, नेता आदमी भाषण की रौ में आ गए तो फिर रुके नहीं, अपनी बात चालू ही रखी। नौकर के जाने के बाद छोगड़ जी बिलहरे जी को देखने लगे। उनकी बात पूरी होने पर झिड़की भरे स्वर में बोले, ''अच्छा-अच्छा, ये भाषणवाली बातें अकेले में न सोचा करो। दिमाग़ खराब हो जाएगा। अरे, हम सब नियति के चक्र हैं, वो जैसे चलाएगी हम चलेंगे। तुम सवेरे रमेसुर, लल्लू बाबू, शर्माजी और दीनानाथ जी से कांटैक्ट कर लेना, बल्कि पर्सनली हरेक के घर जाकर मिल लेना। सात बजे से निकलोगे तो ढाई-तीन घंटे में ये काम निबटेगा और ग्यारह बजे तुम्हें पी.सी.सी. के ऑफिस पहुँच जाना है।''

''आप बेफिकर रहिए। अच्छा, जैहिन्द साहब।''

जयहिन्द के अभिवादन के साथ हिन्द के लिए किसी नई चाल की पूर्ण

पराजय के हेतु मन और कर्म से लवलीन नेताजी बिदा हुए। उत्तर प्रदेश की राजधानी का भाग्याकाश उस रात के आकाश की तरह ही काले बादलों से घटाटोप घिरा था। रात बरसात से कुछ देर के लिए सूनी हुई, तो झिल्ली-झींगुरों के सहसा शोर मचा उठने और वर्षामुक्त सड़कों पर, थोड़ी-थोड़ी दूर पर देर से बन्द कुत्तों की भोंक-भाँक से कर्कश और मनहूस हो गई।

लेकिन यह शहर का बाहरी रूप था। अन्दर कहीं लखनऊ अब भी अपनी असलियत से बेखबर था। 'गोल्डेन पैरेट' क्लब में तो दरअसल रात अब अपने दूसरे दौर में ताज़गी पा रही थी। डेढ़ बजे एक लम्बी हार-जीतवाली दिलचस्प बाज़ी खत्म हुई। आमतौर पर चाय-नाश्ते का और किसी-किसी का बीयर- नाश्ते का बातों भरा दौर चला और अब फिर नए सिरे से ताशों की फेंटाई हो रही हैं। रामनारायण काफ़ी हारकर उठ गया है। क्लब के ही एक बन्द कमरे में मिसा लुत्फुन्निसा की सोहबत में वह अपना ग़मग़लत कर रहा है। मिसा लुत्फुन्निसा अपने नख़रों-भरे नाज़ुक हाथों से रामनारायण के सिर में खुशबूदार तेल मलकर चम्पी कर रही है, मद्धिम-मद्धिम गुनगुना रही है, "ऐ ग़मे दिल क्या करूँ, ऐ हसरते दिल क्या करूँ...।" ह्विस्की का गिलास टेबल पर है। बीच-बीच में वह भी उनके होंठों से लगा देती है। रामनारायण पीकर पिलाता भी है, अपनी सिगरेट भी उसके होंठों में लगा देता है। रामनारायण इधर कई दिनों से लगातार बड़ी रकमें हारते हुए इस समय तैश में गरमाया हुआ है, लुत्फुन्निसा उस हार की गरमी को गले का हार बनकर दूसरी नसों में दौड़ा रही है। रामनारायण का मन बादशाह बनता जा रहा है, हिम्मत आती जा रही है, दिमाग़ को नई राहें सूझने लगी हैं, कल वह घर जाएगा। बहन के विवाह के निमित्त बनवाए हुए गहनों में से तीन-चार हज़ार के अन्दाज़ का माल उठा लाएगा। क्लब में हार का उधार पट जाएगा। मन में निश्चय करते ही हाथों में जोश आता है, गिलास उठाकर एक ही झोंक में तीन-चौथाई गिलास फिनिश ! फिर दूसरे हाथ की मुट्ठी बाँधकर सिगरेट का कश खींचते हुए उसने सहसा हुक्म दिया, "घुँघरू बाँधो। हम नंगा ना-ा-ा-च माँगता...।"

लुत्फुन्निसा ने अदा से मुस्कराकर उसे चूमते हुए, उससे लिपटते हुए समझाया, "घुँघरूओं की आवाज पुलिस तक पहुँचेगी..."

"पुलिस की...?" रामनारायण को तैश आ गया।

"ऊँह, तुम भी न जाने किधर बहक गए। जानेमन, इस बन्द कमरे के

फ़र्श पर क्या देखोगे, दुनिया के खुले आँगन में जमाना नंगा नाच रहा है। फिर धीरे से कान में कहा, "मैं तुम्हारी सेज पर नाचूँगी।"

बारह बजे रातवाले क़ानून से कोठे उजड़ गए हैं, मगर 'गोल्डन पैरेट" और 'मनोरंजन क्लबों' जैसे नामों से सैकड़ों जुएखाने-चकलेखानों में मिस लुत्फ़ुन्निसाओं की रोज़ी बरकरार है। ये क्लब सरकार से रजिस्टर्ड हैं, क़ानूनन इनके खुलने का समय और कारगुजारियों का नक्शा निर्धारित है। मगर क़ानून कमज़ोरों के लिए होते हैं। इस क्लब के मालिक शिवलाल बड़े बहादुर हैं, जीवटवाले हैं। रामनारायण भी शिवलाल और मिस लुत्फ़ुन्निसा की सोहबत में अब धीरे-धीरे मज़बूत बनता जा रहा है। वह अपने बाप-दादा की सर्राफ़े की पुरानी दुकान, अपनी हैसियत सब इसी क्लब में झोंक देगा। 'जीवन आखिर है क्या ?"—यही क्लब। यूरोप, अमेरिका में क्लबों की भरमार है। लोग वहाँ गँवाते हैं, तो एक ही दाँव में लाखों कमा भी लेते हैं। और यहाँ बाबू कहते हैं कि चौबीस घंटे दुकान की गद्‌दी पर बैठे-बैठे हम सोना तौला करें। नानसेंस। अब की बोलेंगे तो दो-चार हाथ जड़ दूँगा। ग़ैरतदार होंगे तो गोमती में जाकर डूब मरेंगे, मेरे रास्ते का कंटक हटेगा। दूसरा कंटक पत्नी है, मगर उसे तो दो-चार बार पीट भी चुके हैं। अब वो भीगी बिल्ली है। बच्चे...खास तौर पर नन्हा ओमी...

शराबी के मानस पटल पर मचलती बिम्बावली में ओमी की आकृति भावावेग से स्थिर होने लगी। तभी लुत्फ़ुन्निसा का मादक चेहरा साक्षात सामने आ गया—नशीली आँखों से लहराती आँखें टकराईं, चेहरा पास आया, गले में नाज़ुक बाँहों की गिरफ्त कसती गई, होंठों को जादुई होंठों ने छुआ, छाती पर खुशनुमा गुलबदन का जोशीला बोझ आया। रामनारायण सेज पर पछड़ गया। बेड स्विच ऑफ़ ! अँधेरा ! आह पर रामनारायण के लिए वह अँधेरा कितना उजाले-भरा था।

घंटा घर में चार बजे। शुभ मुहूर्त में नियम से गोमती स्नान करने जानेवाले लोग नदी की राह पर ज़ोर-ज़ोर से हरिनाम लेते निकल पड़े। भीनी फुहार फिर शुरू हो गई है मगर इससे क्या, कुछ तो ऐसे नियमी भक्त हैं जो मूसलाधार बरसात में भी गोमती नहाने आते हैं। योगी इस समय जागते हैं, भोगियों के लिए तो इस समय भी आधी रात ही है।

राजेन्द्र को इस समय जाग उठने की बचपन से आदत है। पहले पढ़ाई के काम में लगता था, अब कहानियाँ, उपन्यास लिखता है। यों तो वह निद्रा

से तन्द्रा में आ ही चुका था, मगर पिछवाड़े की गली में किसी के दरवाज़े पर ज़ोर-ज़ोर से कुंडा खटकाने और गला फाड़कर 'बाबू रामसरूप, बाबू रामसरूप' गोहार से वह चौंककर जाग उठा। राजेन्द्र के जागने, अँगड़ाइयाँ लेने और सिगरेट जलाकर एक कश खींचने तक यही गोहार पड़ती रही। फिर बाबू रामसरूप की औंघाई चिड़चिड़ाई आवाज़ आई :

"कौन है ?"

"नीचे आइए !" नीचे से आवाज़ आई।

"क्या काम है ? कौन हैं आप ?"

"वाह, क्या अकड़ है आपकी ! हमें ही भूल गए। दो महीने से किराया रुका है आपका। पाँच सौ फेरे किए हैं मैंने जनाब के लिए, जब आओ तब नहीं हैं...नहीं हैं..."

"अजी, तो यही वक़्त मिला था। नींद हराम कर दी। किराया कभी मार तो नहीं लिया मैंने, जो सवेरे-सवेरे सन्नाटे में चिल्ला-चिल्लाकर मेरी इज़्ज़त बिगाड़ने आए हैं ?" बाबू रामसरूप की आवाज़ अब गरमा चुकी थी।

राजेन्द्र उठकर अपने कमरे की पिछवाड़ेवाली खिड़की के पास खड़ा हो गया। रामसरूप का मकान-मालिक भी गरमा रहा था। स्वयं राजेन्द्र के दिमाग़ में भी चिड़चिड़ाहट भर गई। '...महाजन मकाल-मालिक कितने निर्दयी, कितने ज़ालिम होते हैं।' राजेन्द्र का दिमाग़ बाबू रामसरूप के इर्द-गिर्द चक्कर काटने लगा। बैंक का क्लर्क, बड़ी गृहस्थी, यह बढ़ती महँगाई, कर्ज़ माथे पर ! किस-किस का पटाए ! क्या करे...गालियाँ दे रहा है। पढ़ा-लिखा, शरीफ और इस समय कितनी भद्दी-भद्दी गालियाँ दे रहा है। नीचे मकान-मालिक भी उसी रंग में है। दोनों की चीखें मिलकर शोर बन जाती हैं, बातें समझ में नहीं आतीं। '...ऊहँ सवेरे-सवेरे सारे मुहल्ले का दिमाग़ खराब कर दिया कैपिटलिस्ट स्काउंड्रल नीच !' मगर वो भी क्या करे, उसे वर्तमान सामाजिक मायनों के मुताबिक अपना पैसा माँगना ही चाहिए। उसे पूरा हक है। और लखनऊ के लगभग पचास-पिचहत्तर फीसदा रामसरूप कर्ज़दार हैं, उनके पोर-पोर तकाज़ेवालों के कठोर वचनों से छिदे हुए हैं और अब वे बेशरम भी हो गए हैं'...जाओ, नहीं देते रुपया। जो जी में आए कर लो।' राजेन्द्र सोचता है, इन रामसरूपों की इस बेशरमी में भी न्याय है, बड़ा करुण न्याय है।

दिमाग़ एक नए प्लॉट की तीव्रता से संचालित होने लगा। चहलक़दमी होने लगी, सिगरेट कमरे-भर में पी जाने लगी। कमरे के एक कोने में राजेन्द्र

द्वारा पुरातात्विक-ऐतिहासिक शौक में खोजे हुए लखनऊ की पुरानी ईंटों और मूर्तियों का संग्रह सजा हुआ रखा है। राजेन्द्र रुक जाता है...तेरह सौ वर्ष ईसा पूर्व की ईंट, मौर्यकालीन, कुषाणकालीन, भारशिवकाल, गुप्तकाल, उत्तर-गुप्तकाल की बड़ी लखोरियाँ, इस्लामखानी ईंट, बावरी लखौरी, आसफी लखौरी और अंग्रेज़ी-काल का सन् 1891 का गुझा तक...राजेन्द्र की नज़र दौड़ती रही। टूटे खिलौने, मिट्‌टी के बर्तनों के टुकड़े, हड्डियाँ, मूर्तियाँ, कचकड़े की चूड़ियों के टुकड़े–हरएक पर शहज़ोर की मार के निशान, कमज़ोर के करुण अन्त की मूल कहानी अंकित है। सन् उन्नीस सौ तिरसठ तक काल ने यही सत्य दिया है। राजेन्द्र के मन में इसके साथ ही साथ सहसा यह सवाल भी उठा–कौन है शहज़ोर ? रामसरूप-वर्ग या उनके मकान-मालिकों, महाजनों का ? जवाब उसे कठिन लगा। तटस्थ भारत अमेरिका को अपनी भूमि से रेडियो-प्रसार की अनुमति दे चुका है और रूस को भी देने की नीयत रखता है। ये सिद्धान्त अपने-आप में आखिर किस तरह की तटस्थता का भाव मन में ला सकते हैं...

"राजेन्द्र बाबू... !" अचानक एक पुराने सब-इंस्पेक्टर मित्र की किसी दूसरे प्रसंग में कही हुई एक बात मन में गूँज उठी, "राजेन्द्र बाबू, सवेरे चार बजे मेरे साथ फलाँ मुहल्ले की चौकी पर चल के बैठिए। आपको दिखाऊँ कि कितने शौहर रात-भर अपनी बीवियों से पेशा कराके अब उन्हें लेकर लौट रहे हैं। इस पर तुर्रा यह कि चेहरे पर शिकन तक नहीं। शायद वो यही सोचते होंगे कि मज़ा लेनेवाले मज़ा ले के चले गए मगर बीवी तो फिर भी हमारी है और उसकी कमाई भी हमारी है।...बेशरम, जानवर, साले।"

राजेन्द्र अपने उस समय की चिन्तनधारा की पृष्ठभूमि में यह बात सोचकर स्तब्ध रह गया। कैसे जुड़ गए ये दो ख़याल। क्या उनमें साम्य है, वर्तमान का हमारा वस्तु-सत्य क्या यही है ? राजेन्द्र का रोयाँ-रोयाँ सिहर उठा, घृणा से इन विचारकों को दुत्कारते हुए अपने-आप ही बड़बड़ा उठा :

"अमानिशा जा, दूर हो, दूर हो !"

राजेन्द्र के अन्दर का लेखक अपने भोले किन्तु ठेठ और प्रबल सत्य को लेकर तन गया। उसका नया दिन शुरू हो गया।

भोपाल

"क्या हसीन शहर है खाँ, कि यों किसी साले ने ट्रे पर सजाकर ऊपर उठा दिया हो।" मुझे शायर की बात याद आती है। शमला पर आती तेज़ हवा में खड़ा टी.टी. नगर से पिपलानी तक चली गई रोशनी की अटूट सरहद देख रहा हूँ। ट्रे पर वक़्त के खानसामा ने अलग-अलग रकाबियाँ सजाकर रख दी हैं। हरएक रकाबी का अपना रंग है और अलग मज़े देती है। एक बड़ी रकाबी में शहर, आसपास दो रकाबियों में शाहजहाँबाद और जहाँगीराबाद। एक रकाबी में सज़ा-सँवरा अहमदाबाद, जिसे नवाब के हाथ लगे। एक रकाबी टी.टी. नगर, कांग्रेस सरकार का बनाया और एक रकाबी में हैवी इलेक्ट्रीकल्स की बस्ती व कारखाना जिसे सेंटर ने भिजवाया। अल्ला-कसम बड़ा हसीन शहर है कम्बख़्त।

कमला पार्क की बेंचों पर बैठे दो बूढ़े बात कर रहे हैं। लेडी अस्पताल पर, चार बुरके बस का इन्तज़ार कर रहे हैं। डिलाइट के लॉन पर बिछी टेबल से कोहनी टिकाए कोई नज़्म गुनगुना रहा है। टी.टी. नगर के बिजली के खम्भे के नीचे खड़े दो बाबू दफ़्तरों की कुछ फाइलों पर किस्सा बता रहे हैं। दर्जियों की दुकानों पर लतीफ़े चल रहे हैं। होटलों में दस पैसे देकर कैरम खेला जा रहा है। बस स्टैंड पर पिपलानी से आए पंजाबी जोड़ों की मुस्कराहटों से लेकर हमीदिया अस्पताल में नर्स को कराहकर आवाज़ लगाते मरीज़ों तक भोपाल की रात बिखरी है। अँधेरा है कि जैसे किसी खातून ने बुर्का डाल लिया; और उजाला है, चमक है कि जैसे किसी ने कुछ देर को नक़ाब हटाई।

शमला पर खड़ा मैं इस ट्रे को देख रहा हूँ। बड़ा तालाब और छोटा तालाब, दो कटोरों की तरह इस ट्रे में रखे हैं। ताल तो भोपाल ताल और सब तलैया ! पहले जब दोनों ताल एक थे तब और भी सुखद लगता होगा, क़सम से। भोपाल में गुज़री रातों के बिखरे दृश्य सब मेरे मन में एडिट होकर जुड़ गए हैं। कई अजनबी कथाएं भूली हुई, गज़लें, लतीफ़े, बहसें, चर्चे, सिलसिले कि

यूँ, कि यूँ, कि यूँ...एक तागा-सा पिरोइए और मज़े लीजिए मन-मन में, बिना टिकट। शये-मालवा पर इसी मारे तो गुजरे लोग कुर्बान थे। वाह, क्या कहने हैं साहब !

जब से अहद होटल टूट गया है, बैठने की जगह नहीं रही। रात ज्यों की त्यों है, पर सभी शायर, सभी बुद्धिवादी परेशान हैं। देर रात तक एक निरन्तर महफ़िल चलती थी। हिन्दुस्तान का हर बड़ा अदीब वहाँ आया था। भोपाल में सब क़िस्म के होटल हैं। ताँगेवालों के होटल, मौलवियों के होटल, हॉकी-खिलाड़ियों के होटल, बाबुओं के होटल और पत्रकारों के। पर 'अहद' टूटने के बाद से कवि, लेखक सब बिखर गए। कोई दर्जी की दुकान पर बैठा है, कोई घीवाले की, कोई रेडीमेड कपड़ों की। भोपाल में रात सबकी अपनी होती है। आवारगी को इज़्ज़त बख्श दी गई है। सब घर से बाहर रहते हैं। औरतें बुरकों में इधर से उधर जाती हैं। धीरे-धीरे दुकानें भी बन्द होने लगती हैं, पर कोई घर नहीं जाता। अब दुकानों के पटिये खाली हो गए बैठने के लिए।

'काँ जायँ साऽब। अभी कोई घरों पे जाने का वक़्त है।''

सब के अपने-अपने पटिये हैं। कुछ पटियों का भोपाल के राजनीतिक इतिहास में महत्त्व रहा है। जितने ग्रुप हैं, उतने पटिये हैं। या कहिए, जितने पटिये, उतने ग्रुप हैं। यहाँ की राजनीति को 'पटिया पोलिटिक्स' कहते हैं। स्थानीय राजनीति के सिद्ध और आचार्य, हारे हुए और फ्रस्ट्रेटेड, सभी इन पटियों से सम्बद्ध हैं। 'अजी वे जो आज बँगलों में हैं, कल पटियों पर थे और इंशाअल्लाह, फिर पटियों पर नज़र आएँगे।' कोई भी फ्रस्ट्रेटेड स्वर यह कहता सुनाई देगा। यहाँ लतीफ़ों का जन्म होता है, खबरों को अफवाहों के पंख लगते हैं और अफवाहों को ज़मीन मिलती है कि खबरें बनें।

मैं शमला पर खड़ा सोच रहा हूँ कि शायद डिलाइट के लॉन पर दोस्त लोग आ बैठेंगे। क्यों नहीं वहीं चला जाऊँ।

डिलाइट के लॉन की हरियाली सुहागिन है। हर रात वहाँ लोग आते हैं और देर तक बैठे रहते हैं। ठेकेदार और शायर दोस्त हो जाते हैं। बोतलें मैत्री की नाज़ुक मीनारें हैं, जिनके इर्द-गिर्द क़हकहे और संजीदगी फूटती है। रूखे बालोंवाला एक शायर अपनी गर्दन कन्धों की तरफ़ झुकाते हुए काली शेरवानी के बटन खोलता है और आँखों में भोपाल ताल-सी गहराई और चमक लाते कहता है—

दर्द से चेहरे की ताबानी बढ़ी
घर जला तो आसमाँ रौशन हुआ।

और टेबल के आसपास बैठे सभी लोग वाह-वाह कर बैठते हैं।

डिलाइट के बाहर टैक्सियाँ खड़ी हैं। ड्राइवर अपने दोस्तों के साथ बैठे सिनेमा छूटने का इन्तज़ार कर रहे हैं। उनके मुँह में पान हैं और वे कागज़ पर लगा चूना उँगलियों से चाट रहे हैं। भोपाल के ताल में कैल्शियम कम है और पानवाले उसकी पूर्ति का उत्तरदायित्व लिए हैं। साइकिल पर यार लोग जा रहे हैं और हैंडिल पर चूना लगा है। हॉकी खेल रहे हैं रशीद भाई और स्टिक पर चूना चिपकाए हैं, मौका लगा और चाट लिया। भोपाल में है क्या ! गर्दा, ज़र्दा और पर्दा। धूल, तम्बाकू और बुर्केवाली औरतें।

हैरानी होती है कि बुर्कों में ये औरतें कहाँ आती-जाती हैं। चार-पाँच के झुंड और कभी कोई अकेली। यह रिवाज़ है। मियाँ रात को पटियों पर बैठे हैं, मुशायरे में गए हैं, क़व्वालियाँ सुन रहे हैं और बीवियाँ रिश्तेदारों के घरों पर गई हैं। रात के साथ सामाजिक ज़िन्दगी का पृष्ठ खुलता है, बौद्धिक ज़िन्दगी का पृष्ठ खुलता है, और रूमानी ज़िन्दगी का पृष्ठ खुलता है।

मैं शमला पर खड़ा सोच रहा हूँ। मेरे पास से एक ताँगेवाला गाता हुआ गुज़र गया। ताँगेवालों में पहले कई सुरीले कंठ थे। टन्ना जब गाता गुज़रता था, तीर-सा चलता था दिल पर। अब वक़्त बदल रहा है, पर ताँगेवालों की मस्ती ज्यों की त्यों है। दिलीप कुमार बैठा है भोपाल के ताँगों में कभी। उन्हें फ़क्र है। परदों में ढकी खवातीन इधर-उधर जाती हैं, इन ताँगों से।...

भोपाल में सौन्दर्य का दर्जा सबसे ऊपर माना जाता है। शायर ने मुझसे कहा था एक बार, 'जनाब, अगर ये चेहरों से बुर्के हट जाएँ न, तो शहर भोपाल में चकाचौंध हो जाए। पावर हाउस की ज़रूरत नहीं। सिर्फ़ चेहरों के उजालों से काम चल सकता है।' मैं हँस दिया। यहाँ के लोग कम्बख़्त हर वाक्य को सूत्र बनाते हैं और हर घटना को लतीफ़ा कर देते हैं। हर तीसरा आदमी शायरी से ताल्लुक रखता है। शहर में पत्थर सन्नाइए तो एक-तिहाई लोग हाथ जोड़कर कहेंगे, 'हमें नहीं मारिए, हम नज़्म कहते हैं।' इनमें सभी क़िस्म के शायर हैं। वे जो कहते हैं कि ज़िन्दगी रात के गेसू देखते गुज़री, सुबह के सुर्ख़ होंठ कभी देख न सके और वे जो घर से आधी रात की निकली प्रौढ़ा को देख ठेठ भोपाली में फिसल पड़े :

इंधेरी शिब में बीया जो हीटी
पाँच-पिच्चीस की जाने हीटी
बढ़के उनको मैंने जो छेड़ा,
तो मेरी उनकी पीचाने–हीटी।

इस वक़्त भी अँधेरी शब है और बीया अपने घर से हीट रही होंगी और घायल होनेवाले घायल हो रहे होंगे। भोपाल खूबसूरती की मंडी रहा है। नवाब थे तो सौन्दर्य को यहाँ संरक्षण मिला और ऐश की सामन्तवादी बैंक में कई चाँद-से मुखड़े डिपाजिट हुए। जब पहले कभी बेगमों का राज था तब हसीन और क़द्दावर जवानों की क़द्र थी। लोग बड़ी शान से कहते हैं–भोपाल की मिलिट्री बड़ी खूबसूरत मिलिट्री थी साहब ! क्या-क्या सजीले जवान थे। आज वे लोग बूढ़े हो गए हैं, मगर चेहरे पर वही तेज है कि देखनेवाला झुक जाता है।

मैं शमला पर घूमता पोलिटेकनिक के होस्टल की चमकती खिड़कियाँ देख रहा हूँ। एक ज़माने में रोज़ शाम इस शमला पर कारों का सैलाब उमड़ता था। अब वे सब कारें पुरानी हो गईं। शहर के रईसों के घर खंडहरों में बदलने लगे। राजधानी बनी तो जान आई। मकानों से नई दुकानें निकलीं। दस रुपए की जगह दो सौ की हो गई। सामन्तवादी जागीरदार अब किराया वसूल करते हैं। अपनी पुरानी कार को दुरुस्त करवा या जीपों में भोपाल के तंग रास्ते चीरते चले जाते हैं, या शिकार को निकल जाते हैं, बेरसिया रोड पर। ग़रीब जैसे तब थे, वैसे अब भी हैं।

तालाब पर भीषण अन्धकार हो या चाँदनी, भोइयों की नाव को चैन नहीं। दिन-भर जो भुट्टे सेकते रहे, चपरासी और नौकर रहे, रात के अन्धकार में मछलियाँ पकड़ते हैं। स्थिर पानी पर अन्धकार में नाव खड़ी है और मछली के लिए काँटा पड़ा है। मछली से उन्हें कुछ अतिरिक्त आमदनी हो जाती है और तलैया की बस्ती में बच्चे और बीवी चैन से सो जाते हैं, या शायद जागते रहते हैं, क्योंकि दारू पीने के बाद बाप की बड़बड़ाहट अभी कम नहीं हुई। दूर कहीं मीलाद शरीफ़ का पाठ हो रहा है। अँधेरे को चीरते स्वर हवा में तैर रहे हैं।

मैं शमला से उतर आया हूँ और हमीदिया कॉलेज के बसस्टैंड पर खड़ा हूँ। आज शायद टैगोर हॉल में कोई सांस्कृतिक कार्यक्रम है, तभी वहाँ इतनी भीड़ है। होस्टल की लड़कियाँ वापस लौट रही हैं, वक़्त काफ़ी हो गया।

ऑफ़िसर्स की कारें क्लब से आ रही हैं। मैं बस का इन्तज़ार कर रहा हूँ। कुछ समय में बाज़ार भी बन्द हो जाएगा। लखेरापुरा में चूड़ियों के लिए फैले हाथ, इब्राहीमपुरे में कपड़ा देखती आँखें और लोहाबाज़ार में नए चप्पल पहनते पैर–सब अब घर लौटेंगे।

बस नहीं आती, मैं पैदल चल दिया। यहाँ से कमला पार्क तक पैदल जाना अच्छा लगता है। मालवा के पठार का आख़िरी छोर है भोपाल। ज़मीन ऊँची-नीची है। कुछ ऊँचाई पर जाओ और सारा शहर दीख जाता है। रात को ये राहें अच्छी हैं पर दिन को नहीं, जब सचिवालय के बाबुओं और चपरासियों का कारवाँ यहाँ से जाता है। वे इसी राह लौटते भी हैं। बस का खर्च बचा लेते हैं इस तरह। इस वक़्त टी.टी. नगर के क्वार्टर्स में अपनी थकी पिंडलियों में दर्द लिए वे सो रहे होंगे। यहाँ के रास्ते थका देते हैं, साइकिलवालों का दम फूलता है।

देर रात साइकिल पर दफ़्तर से लौटता एक परिचित मिल जाता है।

"अब आ रहे हो !"

"हाँ ऑडिट आनेवाला है ना ! साहब ने कहा सब चेक कर लो। कुछ फाइलें भी लाया हूँ। रात को निबटाऊँगा।"

"बड़ा काम है !"

"चलता है जी !"

"मैंने सुना तुम्हारा तबादला होने को था ?"

"अरे हो जाए ससुरा, पिंड छूटे।"

मैं हँस देता हूँ। नागपुर से, रीवा से, ग्वालियर से आकर लोग बसे हैं यहाँ। भोपाल से इनकी दूरी अभी पूरी तौर से कम नहीं हुई। एकाकी क्षणों में अपना-परायापन अनुभव करते हैं, पर उसे तोड़ने के लिए कहीं न कहीं जूझे रहते हैं। पिपलानी और गोविन्दपुर में जो बस्ती है उसमें तो अधिकांश पंजाब और दक्षिण के हैं। भोपाल की ज़िन्दगी और संस्कृति से वे मिल नहीं पाते। उनके अपने क्लब हैं, कार्यक्रम हैं और रात बिताने के अपने तरीके। भोपाल उनके लिए एक बाज़ार-भर है, जहाँ उन्हें खरीदारी करने आना पड़ता है। भोपाल की लतीफागोई और हुस्न-परस्ती से वे दूर हैं। सामन्तवाद की सुस्ती और मस्ती से दूर उनमें मशीन-युग की तेजी है। अच्छा है कि ऐसा है। वे काहिली से दूर हैं, जिसकी वजह से भोपाल की रातें लम्बी हो जाती हैं। उन्हें सुबह उठना है और दफ़्तर या कारखाने जाना है। इन भोपालियों को सुबह

उठना है...ऐं, क्या सुबह उठना है ? खूब याद दिलाया कि सुबह उठना है।

महाकवि जिगर ने भोपाल की आत्मा को पहचाना था। तब क़ाहिलों का एक क्लब बना था, जिसकी सदस्यता का शुल्क था एक तकिया। इस तकिया क्लब में यह नियम था कि सोया हुआ आलसी बैठे हुए आलसी को, और बैठा हुआ आलसी खड़े हुए आलसी को हुक्म दे सकता है। जिगर इस क्लब के संस्थापकों में से थे। उसके कई पुराने सदस्य आज भी शहर में सुस्त हैं (एक्टिव कहना ग़लत होगा)। क्लब के सदस्य तकिया लेकर आते थे और दूर से जमीन पर रेंगते-सरकते क्लब के कमरे में प्रवेश करते थे। अगर कोई खड़ा दीख जाता, तो सोए आलसी हुक्म की बौछार कर देते–'मियाँ मेरे घर से खाना ले आओ। भाई, बीड़ी का एक बंडल लाना। जनाब, यह हुक्का सुलगा दीजिए।' इस डर से कोई खड़ा नहीं होता था।

मुझे लगता है कि वह क्लब आज भी चल रहा है। आज भी खड़े होने में डर लगता है, आज भी सोया हुआ आलसी बैठे हुए आलसी को और बैठा हुआ आलसी खड़े हुए आलसी हो हुक्म दे रहा है। सब सोए हैं। जिगर ने भोपाल की रात को सच्चे अर्थों में पहचाना था। रात, जहाँ सामन्तवाद की छाया आज भी गहरी है। वही यारबाजी, देर से घर लौटने का रौब। हर बीवी समझती है कि उसका मियाँ इस शहर की तोप है। हर माँ समझती है कि उसका बेटा सिकन्दर है। कहीं जंग जीत रहा होगा। सिकन्दर तकिया हाथ में ले क्लब के कमरे की ओर रेंग रहा है।

कमला पार्क से मैं तलैया की तरफ़ चला जाता हूँ। एक जगह चार-पाँच व्यक्ति एक शायर की नज़्म सुन रहे हैं। घर की खिड़की से स्वर आते हैं :

आ जा रक़ीब मेरे तुझको गले लगा लूँ।
मेरा इश्क़ बेमज़ा था, तेरी दुश्मनी के पहले।

सुनकर आनन्द आ जाता है। मैं पंक्तियाँ गुनगुनाता गिन्नौरी के पास से बुधवारे की तरफ़ बढ़ता हूँ। मछली मार्केट की टाट पर लगी दुकानें उठ गई हैं और मांस के टुकड़े बीनती बिल्लियाँ घूम रही हैं। मैं आगे बढ़ता हूँ, उसी तरह गुनगुनाता। भारत टॉकीज़ के पास एक पान खाता हूँ। स्कूटर पर अपनी परिचिताओं को बिठाए कुछ युवक गुज़र जाते हैं। मेरी गुनगुनाहट बन्द हो जाती है। भोपाल के लोग रक़ीबों पर नज़्म ही लिखते रहेंगे और रक़ीब हैं कि गढ़-फतह करते जाएँगे। पिपलानी के ट्रेनिज़, मेडिकल, इंजीनियरिंग के छात्र जो तेज़-तर्रार हैं, जिनके भविष्य उज्ज्वल हैं, जो शुरू में रक़ीब थे, अब

हीरो हो रहे हैं। भोपाल की रातों में छिपा सौन्दर्य सामन्ती सीमाओं को तोड़ रहा है। वह मॉडर्न हो रहा है। नई पीढ़ी, जो गर्ल्स कॉलेज में जाती है, शेरो-शायरी के जंजाल में नहीं आती। शायर कहे, सौ बार कहें–'तेरा हुस्न कुछ नहीं था, मेरी शायरी से पहले।'–न हो हुस्न, न हों वे नाज़ो-अन्दाज़, न हों वे बुर्के, न हों वे चाँद की उपमाएँ, वे गेसू, वे नाज़ुक कन्धे, वे लम्बे इन्तज़ार, आँखों का मिलना और घायल होने की परम्परा। सबका वक़्त गया। अब हमीदिया बसस्टैंड पर उतरते हुए कोई छात्रा स्टेथस्कोप लगाए मेडिकल फोर्थ ईयर के छात्र की ओर मुस्कराकर देखती है तो जहाँगीराबाद वापस लौट रहे मौलाना का दमा बढ़ जाता है। उन्हें लगता है, उनकी पीठ अब ज़्यादा झुक गई है। मन करता है, घर न लौटें और अहमदाबाद में नवाब की क़ब्र के पास बनी इजिप्शियन मीनार पर चढ़ें और आवाज़ लगाकर अतीत को पुकारें, 'क्या सब झूठ था, सब झूठ था ?'

भोपाल दो हिस्सों में बँट गया–पुराना भोपाल और नया भोपाल ! रात भी दो तरह की है–पुरानी रात, जो घिसे रिकार्ड की तरह आज भी दुहराई जाती है और नई, जिसे रंग मिला पर आकार नहीं, संगीत मिला पर शब्द नहीं। पर तस्वीर तेज़ी से बदल रही है। रात अपना पुराना बुर्का हटा रही है और गेसू के बिखराव पर किसी मॉडर्न हेयर स्टाइल का प्रभाव है।

अब रात काफ़ी हो चुकी है। टेक्सटाइल मिल की पाली बदली है। कई लोग पैदल और साइकिल पर मेरे पास से गुज़र रहे हैं। रेल का फाटक बन्द है, शायद कोई मालगाड़ी आ रही है। मैं सिकन्दरिया सराय के पास से होता स्टेशन पहुँच जाता हूँ। प्लेटफॉर्म पर बिला वजह चक्कर लगाने के बाद यहाँ-वहाँ आँखें अटकती हैं। जनता दो घंटे लेट है। भोपाल से जानेवाले दो यात्री ट्रेन के आलस से परेशान हैं–''ये जनता भी बड़ी धीरे आती है खाँ ! जाने कहाँ-कहाँ रुकती हुई। कोई भी हरा-भरा दरख़्त दिखा कि ठिठककर खड़ी हो गई।''

''आख़िर आना भी तो उसे भोपाल है। अगर वक़्त से आ जाए तो एक भी पैसेंजर नहीं मिले। कौन पहुँचता है जल्दी स्टेशन पर !''

मुझे हँसी आ जाती है। मैं चाय पीने लगता हूँ और पेटी पर बैठे युवक की ओर देखता हूँ। जिसकी गोद में नव विवाहिता पत्नी सिर टिकाए सो रही है। कोई मास्टर है शायद। अपनी औरत को भी शिक्षा-विभाग में काम दिलवाने भोपाल आया होगा।

ब्रिज पार कर अल्पना टॉकीज़ के पास आ जाता हूँ। सेकंड शो छूट चुका है। क्वालिटी, कॉफ़ी हाउस सभी बन्द हो गए। बसस्टैंड की पान की दुकानें अपनी पटिया धो रही हैं और बुर्केवाली एक बुढ़िया सिगरेट का पॉकेट खरीद रही है।

एक टैक्सीवाले से मैं पूछता हूँ, ''टी.टी. नगर चलोगे ?''

''चला चलूँगा। आप तशरीफ़ रखें।''

मैं दरवाज़ा खोलकर तशरीफ़ रखता हूँ।

''एक मिनट तकलीफ़ तो होगी, जरा मीटर डाउन कर दीजिए।'' वह मुझसे कहता है।

मैं टैक्सी से उतरता हूँ और मीटर गिराता हूँ, फिर अन्दर बैठ जाता हूँ। ड्राइवर, जो मलमल का कुरता पहने हैं स्टिअरिंग से टिका सिगरेट पीता रहता है। तीन-चार मिनट व्यर्थ का प्रतीक्षा में बीतते हैं कि टैक्सी अब चले, अब चले। फिर वह गाड़ी स्टार्ट करता है। उसका एक दोस्त पास आकर आगे बैठ जाता है। वह चल देता है।

''मैं सोच ही रहा था जनाब कि आज टी.टी. नगर की तफरीह की जाए। इसी वक़्त आप भी आ गए तो मैंने कहा यह ठीक रहा, इन्हें भी छोड़े देते हैं।'' ड्राइवर कहता है।

''बहुत-बहुत शुक्रिया !'' मैं अहसान में दबा जवाब देता हूँ। जानता हूँ कि भोपाल में हर टैक्सीवाला यों रौब रखता है जैसे निजी कार घुमा रहा है। वक़्त की बात है कि उसकी कार टैक्सी हो गई या उसका पुराना मकान किराए पर उठ गया, या उसके घर उसके घर के लोग...।

मैं लौट रहा हूँ। पुल पुख्ता, मुर्गी बाज़ार, लाल परेड और एम.एल.ए. रेस्ट हाउस, सब धीरे-धीरे गुज़र रहे हैं। गवर्नर हाउस पर लालबत्ती चमक रही है। अरेरा हिल्स का सेक्रेटेरिएट मुझे धुँधला लगता है। रोशनपुरा की सड़क पर गाय-ढोर पसर कर बैठे हैं।

मुझे लगता है मैं जल्दी आ गया हूँ। अभी मीलाद शरीफ़ चल रहा होगा। वह महफ़िल जहाँ गज़लें गाई जा रही थीं, टूटी नहीं होगी। कमला पार्क की बेंचें सूनी नहीं हुई होंगी। अभी 'इंधेरी शिब' बकाया है, जो 'बीया हीटी' थी सो लौटी नहीं। शायद वह ताँगा स्टैंड पर हाथ फैलाए ताँगेवाले से रुपया ले रही हो। सद्दे मियाँ की महफ़िल के लतीफे अभी चल रहे हैं और नौकर निकाह की तैयारियों में जुटे हैं। साक़ी झुक-झुककर सोडे की खाली बोतलें

बटोर रहा है। पटिया पर अभी चर्चा शेष है।

टाट का गन्दा परदा हटाकर चाँद झाँकता है, अभी मियाँ लौटे नहीं हैं। वह दोनों बच्चों पर चादर ढक देती है।

खाँसते हुए मौलवी साहब सोचते हैं, अज़ान के वक़्त में तो अभी देर है न !

अमृतसर

"अमृतसर का हर आदमी हिन्दुस्तान का वज़ीर बनाए जाने के क़ाबिल है, हर लड़की बम्बई ले जाकर फ़िल्मों में उतारे जाने के क़ाबिल है, और अमृतसर की हर बुढ़िया दरिया में ढकेल दिए जाने के क़ाबिल है...।"

ये अल्फ़ाज़, साहब, मैं किसी वज़नदार अंग्रेज़ी की किताब से नहीं चुरा लाया—मेरा बापू अंग्रेज़ गौरमेंट की तरफ़ से लड़ता हुआ बेल्जियम की ज़मीन पर मारा गया था—यह उसी शख़्स की राय थी। लेकिन एक मेरी बेबे है साहब, उसका ख़याल बिलकुल जुदा है। मेरे बारे में उसकी एक ही ख़्वाहिश थी, सिर्फ़ एक ही, कि मैं ज़िन्दगी में कभी थानेदार बनूँ। उसकी बूढ़ी नज़रों में थानेदार दुनिया का सबसे बड़ा आदमी होता है।...मैं अभी तक थानेदार नहीं बन सका। मैं सादा, बिना किसी स्टार का कांस्टेबल नम्बर तीन सौ तिरविंजा हूँ! हाल गेट के चौराहे पर खड़े होकर सीटियाँ बजाता हूँ। ट्रेफिक कंट्रोल करता हूँ क्योंकि मेरा बापू साहब, ज़्यादा समझदार आदमी नहीं था। सब कुछ समझते हुए भी वह फौज में भरती हो गया और अंग्रेज़ गौरमेंट की तरफ़ से लड़ता हुआ बेल्जियम की जमीन पर मारा गया। मेरा बापू मारा गया और मेरी बेबे रोज़ स्यापा करती है—

"...वे गौरमेंट को चिट्ठी क्यों नहीं पाता! हमको जो वीरचक्र और तलवार दी है अंग्रेजी गौरमेंट ने, उसको जा के दिखा। केना, देखो मेरा बापू मारा गया पराई ज़मीन पर...ये...ये उसकी हड्डियाँ हमें मिली हैं। अरे भलेमानसो...।"

"तू बेबे, मेरी समझ में नहीं आता, तेरी सुनता भी है कोई? सारी ग़लती बापू की थी। वह गया ही क्यों? एक आदमी की मौत ने घर तबाह करके रख दिया। मैं छह जमातें करके उठ पड़ा। दो-तीन साल और पढ़ लेता, तो मेरे पास आज कोई कुर्सी होती। अब मेरे पास एक सीटी है...पी...पी...पी...कोई नहीं सुनता बेबे, अमृतसर में कोई सुन भी लेगा, पर

चंडीगढ़ तक तो आवाज़ नहीं जाती।''

''तेरी अक्ल पर परदा पड़ा है। अपने बाप की हड्डियाँ घर में छुपाए बैठा है। निकम्मा, जा किसी को दिखा, थानेदारी के लिए कोशिश कर, किसी को एक महीने की तनख्वाह चढ़ा दे, सीटियाँ बजा-बजाकर ज़िन्दगी नहीं कटती। मैं कलपती हूँ तो तेरे लिए, जो एक तूने अपने सिपाई बाप का नाम मिटा के रख दिया...।''

मेरी आँखों के सामने एक लम्बे, तगड़े, सिपाही की तस्वीर घूम जाती है। जो छन्ना-भर लस्सी पीकर गीली मूँछों को ऊपर उठाता है तो धरती काँप उठती है–

ढोल सिपइया वे
कित्थे गयों दिल ला
मेरया माईया वे
कित्थे गयों दिल ला

मेरा बापू बेल्जियम की ज़मीन पर अंग्रेज़ गौरमेंट की तरफ़ से लड़ता हुआ मारा गया। और मैं थानेदार बन जाने की प्रतीक्षा में हाल गेट के चौराहे पर खड़ा सीटियाँ बजाता हूँ...पी...पी...पी... !

मैं, साहब, दो साल से रो रहा हूँ थानेदार मनोहरसिंह के चरणों में कि महाराज मेरी रात की ड्यूटी बदल दीजिए। मैं रात को खड़ा नहीं रह सकता। मेरी शादी अभी नहीं हुई, इसलिए रात होते ही मेरा दिल बेईमान होने लगता है। मेरा जी करता है कि सरकारी ड्रेस फाड़कर चिथड़े-चिथड़े कर दूँ और इंकलाब ज़िन्दाबाद के नारे लगाता हुआ भाग जाऊँ। इस समय मुझे जान पड़ता है कि मेरा बापू समझदार था। अच्छा हुआ, बेल्जियम की ज़मीन पर लड़ता हुआ मारा गया, वरना अमृतसर के किसी चौराहे पर खड़ा होकर वह भी सीटियाँ बजाता–पी...पी...पी...और रात को देर से घर पहुँचता, तो मेरी बेबे उसे सोई मिलती...।

मैंने अर्ज़ किया, महाराज ! रात को मेरा दिल बेईमान होने लगता है। अमृतसर की नशीली रात और हुजूर मेरा दिल ! लाख बार कहा, साहब मेरी ड्यूटी बदल दीजिए। मगर कोई नहीं सुनता। थानेदार मनोहरसिंह कहता है, 'तुम क्वाँरे हो न, इसीलिए बरखुरदार तुम्हें ड्यूटी पर रखा है। तुम्हारे होते हुए बताओ मैं किस बीवी से रात को उसका शौहर छीनकर सीटियाँ बजाने के लिए चौराहे पर खड़ा कर दूँ। तुम अभी नहीं समझोगे बरखुरदार...। और फिर वही

अभ्यस्त हाथ शराब की बोतल पर...'ओए, रामसिहाँ, रात हो गई, पई वो कुड़ी...।'

कुड़ी ही कुड़ी, कुड़ियाँ ही कुड़ियाँ, रात की बाँहों में अमृतसर नहीं, कुड़ियों की बाँहों में अमृतसर, छोकरियों की बाँहों में अमृतसर, लड़कियाँ ही लड़कियाँ, चुस्त कमीज़ और तंग पायचों की सलवार पहनकर साइकिलों पर भागती हुई शोख लड़कियाँ, आठ-आठ आनेवाली ठंडी कुलफियाँ खाती हुई गरम लड़कियाँ, ब्रेसियर का साइज़ देखती हुई गरम लड़कियाँ, गोल-गप्पे खाती हुई पतली इकहरी लड़कियाँ, गाती-गुनगुनाती हुई लड़कियाँ और लड़कियाँ और लड़कियाँ ही लड़कियाँ...

गल्ल कर साडे नाल खोल के
निम्मा निम्मा हस्स के ते मिट्ठा-मिट्ठा बोल के।
जाँवीं न जवानी साडी रोल के॥

हर शहर की रात जुदा होती है। मैं आपको बताऊँ साहब, और शहरों की रातों के चेहरों पर जब झुर्रियाँ पड़ जाती हैं, तब अमृतसर की रात जवान होती है। और शहरों के लोग जब नींद में चूर होते हैं, तब यहाँ चारपाई की ओट में सो रहे नव दम्पती बीच में रखी चारपाई की बुनाई में से झाँककर देखते हैं कि पावो सो गई या नहीं..।

मैंने कहा न, रात को मेरा दिल बेईमान होने लगता है। बस, जी चाहता है दुनिया का हर परदा उठा दूँ और फिर बच्चों की तरह तालियाँ बजाता हुआ खुश होऊँ कि आज मैंने सबको रँगे हाथों पकड़ लिया।

वो...वो लक्खाराम गुजरावालियाँ उर्फ नानक फ्लोर मिल आ रहा है। मैंने सीटी बजाकर उधर की सारी ट्रैफिक रोक दी है। लेकिन वह नहीं रुकेगा, मज़दूरों को आज दी जानेवाली मज़दूरी का हिसाब गिनते हुए वह चलता रहेगा। जी हाँ, नए टेलीफ़ोन एक्सचेंज के सामने उसका मकान बन रहा है। नमक मंडी में उसकी चक्की है। पीसता आटा है लेकिन अब हल्दी, नून, मिर्च, दालें वग़ैरह भी रख ली हैं। कोई चोंग आटा पिसाने आई तो माँग बैठती है, 'पाइया, एक आनेवाली चाय की पुड़िया दे दई।' इसी हफ्ते लड़की के हाथ पीले कर रहा है। लुधियाने से बारात आ रही है। इसीलिए जल्दी-जल्दी मकान पूरा करवाना पड़ा। नहीं तो जगह पहले भी ली थी कटरा जैमलसिंह में, तीन

हज़ार की। ग्राहक लग गया, दस हज़ार की बेच दी। ग्राहक तो इसके लिए भी लग रहे थे लेकिन ब्याह सिर पर आ गया। ब्लैक में सीमेंट खरीदा, एक झंझट हो तो बात है। नल लगवाना है, बिजली फिट करवाना है, भट्ठेवालों से ईंटों की शिकायत करना है, कमेटीघर जाकर मलबे के चालान की बावत अपील करना है—अकेला जान ! कीमती अभी छोटा है। चौथी में पढ़ता है। सोचा, और कर ले दो जमातें, फिर उठाकर उसे चक्की पर बिठा देंगे और खुद दरबार साहब के चौकवाली दुकान की कोशिश में लग जाएँगे।

"पी...पी... ।" सीटी बजाकर मैंने उसका ध्यान आकर्षित किया, तो उसने यों सिर उठाकर देखा जैसे सरदार पटेल की लौह-प्रतिमा को देख रहा हो।

"क्यों लक्खाराम, आज जल्दी कैसे ?"

"कुच्छ न पुच्छ काका ! बड़ा ख़राब ज़माना आ गया है। अभी उस दिन कुड़मों की चिट्ठी आई थी कि बारात में 30-35 आदमियों से ज़्यादा नहीं होंगे। अब आज चिट्ठी आई है कि सौ आदमी तो हो ही जाएँगे—वैसे आप सवा सौ आदमियों का इन्तज़ाम तो रखें ही। काका, शरम-हया तो रह नहीं गई लड़केवालों को। आज गोण बिठाना है। मैंने सोचा चलकर रोक दूँ। हमें नहीं करनी ऐसी शादी, वरका ही फाड़ देना है। मैं शादी कर रहा हूँ और उधर ऐसा लगता है जैसे हमले की तैयारियाँ हो रही हैं। बड़ा आया सोड्डी सर्राफ... ।"

और मुझे लगा एकाएक शहनाइयाँ बजना रुक गई हैं। बाजेवालों के पैर ठिठक गए हैं। सेहरे के फूल उदास होकर मुरझाने लगे हैं। आज सुबह घर से चलते वक़्त बेबे ने कहा था, 'आज गोण बिठा दिया है लक्खेराम हुराँ ने। रात को आओ तो चाबी उधर से ही माँग लाना। मैं किवाड़ लगा के चली जाऊँगी। नहीं जाऊँगी तो लोग कहेंगे सूबेदारिन नहीं आई। ग़रीब भी भगवान किसी को न बनाए। कितने जतनों से लड़का मिला है। मैं कहूँ, एक ज़माना था जब मुंडेवाले कुड़ीवालों के पीछे-पीछे फिरते थे। अब उनके नखरे नहीं मान। चलो मुंडा मेहनती है, होजरी की मशीन पर खड़ा होता है। सौ-सवा सौ ले आता है। अब मिलिटरी का काम बन रहा है शायद कुछ ज़्यादा ले आता हो। लड़का नेक होना चाहिए। अपनी पाशो जैसी हुशियारी कुड़ी भी नहीं है दूसरी, मुहल्ले में। आठ जमातें कर लीं, लेकिन क्या मज़ाल कि ज़माने की हवा लग गई हो। सादा खाना, पहनने का कोई शौक नहीं। जो मोटा-झोटा हुआ, पहन लिया। क्या कहते हैं, अच्छा काका तू फिर... ।"

"ओए सुत्ता होयाँ एँ ? नज़र नहीं आन्दा। सारी ट्रेफिक रोक के ते मुँह ऊँठ वाँग तां चुक्क के खलोता होयाँ ऐं...।" भीड़ में से किसी ने गाली दी है।

मेरे तन-बदन में आग लग गई है। बुलाओ थानेदार मनोहरसिंह को, मैं नहीं कर सकता यह नौकरी। मैं अभी किसी नहर में डूबकर मर जाना चाहता हूँ। लोग मुझे गालियाँ देते हैं, डाँटते हैं माँ मेरा स्यापा करती है, बाप मेरा बेल्जियम की ज़मीन पर अंग्रेज़ गौरमेंट की तरफ़ से लड़ता हुआ मारा गया है। थानेदार मनोहरसिंह मेरी सुनता नहीं...रात को मेरा दिल बेईमान होने लगता है...मैं क्या करूँ ? कहाँ जाऊँ ? मैं मर जाऊँगा, अभी, मुझे मर जाने दो...इंकलाब ज़िन्दाबाद, भारत माता की जय हो !

"साहब मैं सच कहता हूँ—मैं सब कुछ सह सकता हूँ, लेकिन हुज़ूर मैं गालियाँ बरदाश्त नहीं कर सकता। फिर ऐसे लोगों की जो खुद अन्दर से पोले हैं। जिनके बापों ने कभी नक्शे तक में बेल्जियम का मुँह नहीं देखा। जो दिन में पैसे और रात को भी पैसे कमाने की भद्दी योजनाएँ तैयार करते हैं। जवाहरलाल जी को अमृतसर बुलवाकर जलियाँवाले बाग़ में जलसा करवाकर 15 हज़ार की थैली भेंट करने की स्कीमें बनाते हैं। केवल अमृतसर टू दिल्ली वाया जालन्धर, अम्बाला, सहारनपुर के रूट पर बसें चलाने का परमिट मिल जाए।

टन !

मेरे सिर पर लगी घड़ी ने साढ़े आठ बजने की सूचना दी है। मेरी ड्यूटी नौ बजे समाप्त होती है। दरअसल मेरे लिए अमृतसर की रात नौ बजे से ही शुरू होती है। ड्यूटी से फ़ारिग होकर मैं कम्पनी बाग़ की तरफ़ से होता हुआ घर लौटता हूँ। मैं ज़्यादा पढ़ा-लिखा तो नहीं हूँ साहब, पर मेरे सीने में भी दिल धड़कता है। वो साला मनोहरसिंह का बच्चा इस बात को नहीं समझता। मैं रात को ड्यूटी नहीं दे सकता। मैं सच कहता हूँ साहब, मेरी इच्छा होती है कभी-कभी कि करमो ड्योढ़ी की किसी गोरी, पतली लड़की के साथ दरिया के किनारे बैठूँ किसी शाम...पर हुज़ूर, केवल थानेदार मनोहरसिंह का ख़याल आता है, जो अंडरबियर पहने अपनी बालोंदार टाँगें मेज़ पर रखे गर्दन से मैल की बटियाँ उतारता है। महीने में एक बार सिर नहाता है मस्या को, वो भी

गुरु नानकदेव के डर से। मैं कसम खाकर कहता हूँ साहब, कि मैं रोज़ नहाता हूँ, कमेटी के नल पे। जहाँ ताँगेवालों के घोड़े और शाम को चरकर लौटती हुई भैंसे पानी पीती हैं...।

नहाते-नहाते एक दिन वह बात मेरे दिमाग में आई कि क्यों न बड़े साहब के आगे थानेदार मनोहरसिंह की शिकायत कर दूँ, फिर शायद ड्यूटी बदल जाए या थाने में ही रख लिया जाऊँ। एक दिन कोठी पर गया और उनके सामने जबानी रो आया। शाम को ड्यूटी पर जाने से पहले थाने में दस्तखत करने गया, तो थानेदार मनोहरसिंह ने ऐसी कड़कती हुई आवाज़ में बुलाया जैसे बादलों के बीच बिजली चमकी हो। मैंने सामने जाकर सेल्यूट दिया।

''आज से तुम बस्ती ढाब में लेट नाइट ड्यूटी दोगे।...अब बड़े साहब से जाकर कहना कि मनोहरसिंह शराब के नशे में ड्यूटियाँ लगाता है...।''

मेरे होश फाख्ता हो गए। मैं मनोहरसिंह के चरणों में रोया, गिड़गिड़ाया कि हुज़ूर इतना जुल्म मत कीजिए। महाराज, वहाँ रात-बिरात मेरा कोई खून कर देगा, मैं मुफ़्त में मारा जाऊँगा साहब। मेरी बेबे किसके सहारे जिएगी...और, मैं दो महीने तक बस्ती ढाब में लेट नाइट ड्यूटी देता हुआ उस खूनी का इन्तजार करता रहा जो आकर मेरा खून कर देगा। और सुबह ही जालन्धर के तमाम अख़बारों में छप जाएगा...लेकिन भगवान को ऐसा मंजूर कहाँ था कि बाप तो बेल्जियम की ज़मीन पर अंग्रेज़ गौरमेंट की तरफ़ से लड़ता हुआ मारा जाए और पुत्तर बस्ती ढाब में थानेदार मनोहरसिंह के हुक्म पर चलता हुआ मारा जाए।

बस्ती ढाब का जुगराफिया कुछ इतना दिलचस्प निकला साहब कि मैं दो महीने तक लेट नाइट ड्यूटी देता रहा। बस्ती ढाब की राजधानी मंडी-ढाब है। मंडी-ढाब जहाँ अनाज़ों के बड़े-बड़े ढेरों पर बैठकर अमृतसर के लाला लोग अपनी ताकत आज़माते हैं। और अन्त में परिणामस्वरूप अनाज़ के ढेर सबसे ज़्यादा ताकतवर लाला के गोदाम में जाकर क़ैद हो जाते हैं। गोदामों में साहब गेहूँ की जवानी को कीड़े खा जाते हैं। और मंडी-ढाब के 'बोल बोदियाँवाले दी जय...' बोलनेवाले पल्लेदार, मज़दूर खाली पेट शराब पीते हैं, बोतलें तोड़ते हैं, और जैसे-जैसे रात ढलती जाती है, जनानियों की बातें और ज़ोर से करने लगते हैं। लम्प का सिगरेट पीते हैं और अपनी बर्बाद हो रही जवानी पे तरस खाते हैं।

मोड़ पर गड्ढा है—इतना बड़ा कि आदमी से लेकर ताँगा तक उसमें समा

सकता है। उसका इतिहास मुझे मालूम नहीं है—लोग तरह-तरह की बातें करते हैं। कुछ भी हो, बस्ती ढाब के जुगराफिए में उसकी खास अहमियत है। यों गड्ढे कहाँ नहीं हैं ? लेकिन हर गड्ढे के पास पकौड़ों की दुकान तो नहीं होती। पाइए दी हट्टी, असली मूँग की दाल के पकौड़े, और मूली और गाजर का अचार। खाने से पहले आ गए स्वाद को हलक में दबाते हुए जब चौड़े सीनेवाला मंडी-ढाब का मज़दूर शाम को दुकान पर आकर एक पैर टेबल पर रखकर कहता है, 'देईं पाइया इक्क आने दे,'' तो लिल्लन की तहमद सरककर नीचे गिर जाती है। लोहे-सी लगनेवाली कत्थई जाँघ पर उड़ती नज़र डालकर पकौड़ोंवाला पाइया होंठ दबाते हुए कुछ ऐसे अन्दाज़ में कहता है, ''देख के पलवान, ज़रा देख के !'' कि पल्लेदार का सीना मस्ती से, खुशी से भर जाता है। ''सद के पाइया, सद के तेरे।''

पाइया की चटपटी बातें, असली मूँग की दाल के पकौड़े, मूलियों और गाज़र का अचार, खानेवाला एक आने की सलाह करके आता है, तो दो आने के खा जाता है।

यह बस्ती ढाब है, जहाँ हड्डी के मामूली टुकड़े पर उस और इस मुहल्ले के कुत्ते लड़ते-झगड़ते हैं। उन्हें शर्म नहीं आती। पकौड़ोंवाला पाइया नींद न आने के कारण हलका-मेम्बर की जान को रोता है। मोड़वाला गड्ढा किसी अजनबी की बाट जोहता है और मंडी-ढाब के मज़दूर शराब पीकर लड़ते-झगड़ते हैं, दंगे-फ़साद करते हैं, मोटे लालाओं की बारीक़ छोकरियों की बातें करते हैं, ताश खेलते हैं और सुबह के इन्तज़ार में 'नाले काली ते नाले लम्मी' रातों को गुज़ारते हैं...।

हज़ूर ऐसी जगह मैंने लेट-नाइट ड्यूटी दी। और उसी थानेदार मनोहरसिंह के बच्चे ने अब मुझे यहाँ ला खड़ा किया है।

अभी-अभी बड़ा तेज़ लिश्कारा आँखों में पड़ा है, जैसे धूप में दर्पण रख के कोई चौंधा फेंकता है। अरे कारें ही कारें...एक के बाद एक, फूलों से लदी हुई। अच्छा, याद आया—आज अपोज़ीशन पार्टियों का जलसा है। पंजाब और दिल्ली के तमाम नेता जुदा-जुदा पार्टियों के एक स्टेज पर इकट्ठे हो रहे हैं। रात-भर भाषण होंगे और कल सुबह नौ बजने की प्रतीक्षा में लोग नाइयों की दुकानों पर बैठकर अख़बार पढ़ेंगे। अमृतसर में दुकानें सुबह नौ बजे खोलने

और रात को पौने आठ बजे बन्द कर देने का हुक्म है। यहाँ के लोग हैं कि घर में या तंग जगह में एक मिनट-भर भी नहीं रह सकते। फौरन ज़िहाद बोल देंगे। सुबह किक्कर की दातुन मुँह में डाले बाज़ार आ जाएँगे; गर्मियाँ होंगी तो तहमद ऊँची करके, सर्दियाँ होंगी तो लोई ओढ़कर। अख़बारों की सुर्खियाँ देखेंगे। नेहरूजी की राजनीति में दखल देंगे। महँगाई को कोसेंगे। शक्कर और कोयला मिलने की कठिनाइयों पर बहस करेंगे। और, सेल-इंकमटैक्स से जान छुड़ाने की तरकीबें सोचेंगे। शाम हुई, छत पर आ जाएँगे। फिर एक-दूसरे की छत पर नज़र डालेंगे। कोई बिस्तर बिछा रहा है, कोई बनेरे ते बैठा गा रहा है, तो कोई कुहनियाँ टेके तीसरे की छत पर देख रहा है। मैं कहता हूँ, यहाँ के लोगों को आर्ट-कल्चर की तो अक्ल है नहीं साहब। नहर में सुन्दर-सुन्दर लड़कियाँ हँसती-खेलती हुई नहा रही होंगी और आप जा बीच में छलाँग लगा के कूद पड़ेंगे। अँगड़ाई लेती हुई लड़कियों को पहले तो देखते रहेंगे फिर खुद उबासियाँ लेने लगेंगे। रात को कोई नहीं देखता। उसकी धड़कनें कोई नहीं सुनता।

"...मेरी ड्यूटी खत्म होने में पाँच मिनट बकाया है। मैं कम्पनी बाग़ ज़रूर जाऊँगा। एक इच्छा होती है कि अपोजीशन पार्टियों का जलसा देखूँ, उनकी बातें सुनूँ, लेकिन साहब जब मेरी कोई नहीं सुनता, तो मैं लोगों की क्यों सुनूँ ! चिल्लाने दो ! अपने-आप थककर चुप हो जाएँगे मेरी तरह। लेकिन मेरे पास तो फिर भी सीटी है, मैं तो फिर भी पीं-पीं कर सकता हूँ, लेकिन उनके पास क्या है—नारे ? नारों से क्या होता है ? गांधी की बात दूसरी थी; भगतसिंह, आज़ाद की बात तीसरी थी, लाला लाजपत राय की बात चौथी थी; सतपाल किचलू की बात पाँचवीं थीं, और मेरे बापू का नम्बर जितने बाद में आता है वहाँ तक तो मुझे गिनती भी नहीं आती..."

टन ! एक, दो, तीन, चार, पाँच, छह, सात, आठ, नौ बज गए। वैसे मैं चाहूँ तो नौ बजे से पहले भी ड्यूटी से फरार हो सकता हूँ। लेकिन मेरा बापू अंग्रेज़ गौरमेंट की तरफ़ से लड़ता हुआ बेल्जियम की ज़मीन पर मारा गया। मैं उसे बदनाम नहीं कर सकता। मेरे खून में फौजी अटेंशन है साहब। आख़िरी बार सीटी बजाकर मैंने जेब में रख ली है, और चबूतरे से नीचे उतरा हूँ।

रात...

"ये है साहब अमृतसर की रात, एक ऐसी जवान खुशबू से सराबोर कि आदमी झूम उठे...लेकिन साहब, एक बात मैं आपको बता देना चाहता हूँ।

पहले मैंने सोचा था कि नहीं बताऊँगा। बात ये है हुजूर कि अमृतसर की रात में बेहद रंगीनियाँ होते हुए भी कोई ऐसी चीज़ है, जो जैसे-जैसे रात ढलती है, सारे शहर को एक कब्रगाह बना के रख देती है। उस चीज़ का नाम है सन्नाटा...

"और ये सन्नाटा जब रात की गुरदित्तामल की हड्डियों में घुसता है तो वह अपनी बूढ़ी हो चली खाँसी के दम तोड़ते ठहाके लगाते हुए कहता है, 'लोग...लोग मर गए हैं क्या ? उनको नज़र नहीं आता, हम लाखों रुपए की जायदाद छोड़ के आए हैं रौलपिंडी में। कलेम के नाम पर हमें यह दिया है—मकान...जिसकी छतें सन्ताली के बारूदी धमाकों से उड़ गई थीं। किसी दिन मैं नंगा होकर सरकार के सामने चीखूँगा—लोगों को हज़ारों रुपए दे दिए कलेम के, मैं अपनी जो अनाज की भरी-भराई दुकान पाकिस्तान में छोड़ आया, उसका कलेम मुझे कब मिलेगा—बोलो ! न बोलो तुम, मैं कल ही दो आनेवाला लिफाफा प्रतापसिंह कैरों को लिखता हूँ कि हुज़ूर..."

'अब दो आने में कोई लिफाफा नहीं आता बाबा, सो जाओ ! क्यों अपने बाल-बच्चों की नींद खराब करते हो। रात को सोओ, नहीं तो कम से कम चुप ही रहा करो !' एक रात मैंने उसकी चारपाई पर बैठते हुए कहा।

'चुप-से ही हैं सूबेदार। बोलने से कौन इंकलाब आ जाएगा। दिल नहीं मानता। रौलपिंडी की घनी-घनी याद तड़पाती है। अपना तिमंजिला घर याद आता है। दो दालान, चौक, कुकड़ियों के चूज़े सुबह होते ही किलकारियाँ भर-भरकर घर-भर में खुशबू बिखेर देते थे, मुर्गे बाँग देकर भैंसों को जगा देते और उनके गलों की घंटियों का संगीत...अब सूबेदार सब कुछ मर गया है...।'

"मेरे दिमाग़ में एक तस्वीर उभरती है साहब। मैं झूठ नहीं बोलता, यह तस्वीर अमृतसर की ही है। जो एक कब्र बन गया है। उस कब्र में सन्नाटा भरा हुआ है। और इस सन्नाटे में रह-रह के बूढ़ी खाँसी के दम तोड़ते ठहाके सुनाई दे जाते हैं। कभी कोई दो आने का लिफाफा माँगता है। कभी चूज़े बड़ी उम्मीदों से बाहर सिर निकालते हैं। मंडी-ढाब के मज़दूर शराब पीकर ताश खेलते हैं और जनानियों की बातें करते हैं। पकौड़े तलता हुआ पाईया हलका मेम्बर की जान को रोता है। रात के उसी सन्नाटे में एक बहुत बड़ी भीड़ उभरती है, जो पता नहीं नारे लगाती हुई किधर चली जाती है।...एक कमज़ोर लेम्पपोस्ट नज़र आता है जिसकी पीली बीमार रोशनी में मुहल्ले के शरारती लड़के चोर सिपाही का खेल खेलते हैं...।

"...और हुज़ूर इसी तस्वीर में एक तस्वीर कम्पनी बाग़ की भी शामिल है–जहाँ मैं रोज़ जाता हूँ। नहीं जाऊँ तो साहब ये सन्नाटा, जिसका ज़िक्र मैंने डरते-डरते अभी आपसे किया, मेरी हत्या कर दे।...कम्पनी बाग़। क्या कहने साहब, भीतर घुसते ही आपके रोम-रोम में ऐसी खुशबू समा जाएगी जो किसी लाल चूड़ेवाली का जूड़ा खोलने से उभरती है। इसीलिए साहब, मैं यहाँ रोज़ आता हूँ। कुछ ऐसा सुकून मिलता है जो दुनिया में मुझे किसी भी कीमत पर हासिल नहीं। कभी-कभी मेरी इच्छा होती है रात-भर किसी गुलाब के बूटे के पास सोता रहूँ।...

"इस कम्पनी बाग़ की बैंचों पर बैठकर लोग प्यार-मुहब्बत की बातों में इतना डूब जाते हैं कि उन्हें ख़याल तक नहीं आता कि इस कम्पनी बाग़ के दूसरे सिरे पर बीवी गुरमीत कौर की कुटिया है। साहब, उसका जवान गबरू लड़का कृपाल देश की हिफाजत के लिए हिमालय पर तैनात है। जंग की खबरें सुनकर उसका दिल बैठ जाता है। कृपाल उसकी आँखों की रोशनी है। मैं उस बुढ़िया को जानता हूँ। सारी रात उसकी झोंपड़ी का चिराग़ नहीं बुझता। उसकी आँखों में नींद नहीं आती। उसकी कुटिया के द्वार सारी रात खुले रहते हैं। जाने कब उसका कृपाल छुट्टी लेकर लौटेगा ! किवाड़ बन्द देखेगा तो क्या सोचेगा कि बेबे उसे भूल गई। उसका जवाँ मर्द चार साल पहले गोवा में मारा गया। अब उसका लड़का खड़ा है। मैं खुद जंग के बारे में कुछ नहीं जानता साहब। मैंने कभी अख़बार नहीं पढ़ा। लेकिन थानेदार मनोहरसिंह को अक्सर इस सम्बन्ध में बातें करते सुना है।

"खैर साहब, हमारे कहने से जंग रुकती है क्या ? लेकिन ऐसा तो साहब मुझे भी महसूस होता है कि अभी एक इंकलाब और आना है। फिर हिन्दुस्तान का नक्शा ही कुछ और होगा। और फिर उस नक्शे में साहब मुझे यकीन है, कहीं न कहीं मेरा घर जरूर होगा। मेरी ज़मीन होगी।...

कितना सुर्ख फूल है ! मैं रोज़ एक फूल तोड़ लेता हूँ और रास्ते भर सूँघता हुआ घर पहुँच जाता हूँ। आज मेरी बेबे लक्खाराम गुजराँवालिया उर्फ नानक फ्लोर मिल के घर गई होगी–गाने में...ये क्या,...अरे वाह रे हसीन ! हई शावा-शे।

'ओए उट्ठ खड़ा हो।'

'कौन ?'

ओए, में क्या चल्ल उट्ठ। सुनदा नहीं ? आदमी है कि नाई ? गुलाब के

बूटे के पास ऐसे लेटा हुआ है जैसे कम्पनी बाग़ की नींव तेरे बाप ने रखी थी।''

''क्यों भाई, सवेरा हो गया क्या ?''

''सवेरा तो सवेरे होगा। पहले यह बता कि यहाँ कैसे लेटा है ?''

....हई शावा शे, वह तो फिर करवट बदल के सो गया। मैंने कहा था न साहब कि गुलाब के बूटे के पास सोने की खुमारी...मैं अभी दुरुस्त किए देता हूँ !

'ओठ।'

'ओ। ओए, मार दित्ता ई !' वह अपनी कमर दबाता हुआ उठ रहा है।

उसे कम्पनी बाग़ के बाहर लाकर मैं जैसे ही आगे बढ़ा कि मुझे अपनी हथेली पर कोई ठंडी-ठंडी-सी चीज़ अनुभव हुई। जैसे किसी ने बरफ़ का गोल टुकड़ा काटकर रख दिया हो। मेरे हाथ की पकड़ ढीली होती जा रही है। उसकी कलाई मुझसे छूट गई है। वह मुस्कराता हुआ पुनः कम्पनी बाग़ में जा रहा है। एकाएक रात जवान हो गई। चाँदनी अँगड़ाई लेकर शीशम के दरख्तों पर से ऐसे फिसली है, जैसे पैर टिक न पा रहे हों। सड़क पर कभी आगे और कभी पीछे होती मेरी परछाइयाँ लगता है आज पागल हो गई हैं। आकाश में आज कुछ ज़्यादा तारे जमा हुए हैं।...

चरखा चन्नन दा,
शावा चरखा चन्नन दा,
मैं कत्ता प्रीताँ नाल चरखा चन्नन दा,
नी विकदा बड्डे बज़ार चरखा चन्नन दा !

मेरी गली का मोड़ आ गया है। लक्खाराम गुजराँवालिया के घर से गाने की आवाज़ें आ रही हैं।

...कहाँ चली गई ? अभी इसी जेब में रखी थी।...ये हैगी ! मैंने जेब से निकालकर देखी है—पूरी चवन्नी है। ऐसे चमक रही है जैसे चाँद मेरी हथेली पर आ गया हो। और मेरी इच्छा हो रही है कि कल थानेदार मनोहरसिंह की सेवा में छुट्टी की दरख्वास्त दे दूँ कि साहब मेरी तबियत ज़रा नाशाज़ है, मैं ड्यूटी पर न आ सकूँगा। और फिर कल आराम से सारा दिन बैठकर इस चवन्नी को देखूँ।

इलाहाबाद

एक उदास और छितराया हुआ शहर...

धीरे-धीरे सरकती हुई ज़िन्दगी। बहुत धीरे-से सुबह आती है और बहुत ख़ामोशी से रात उतरती है।

यह इलाहाबाद ! मेरी यादों का शहर...और याद में जितनी उदासी, बेकली और खामोशी होती है, उतनी ही इस शहर पर भी छाई रहती है। जैसे याद जहाँ की तहाँ रुकी रह जाती है, वैसे ही यह एक रुका हुआ शहर है।

एक ऐसा शहर जिसके माथे पर सलवटें पड़ी हुई हैं। ऐसी सड़कों का शहर जो चलते-चलते रुक जाती है। यहाँ जैसे सब कुछ गुज़रते-गुज़रते रुक गया है, या जो गुज़र रहा है वह भी थमता दिखाई देता है...शाम के उतरते ही सबकुछ थमने-सा लगता है...

किसी चौराहे पर एक मुनादी सुनाई पड़ती है–'शहर इलाहाबाद, बमुक़ाम नगरपालिका, नवाब यूसुफ रोड...नीलाम के लिए...' और एक लम्बी फेहरिश्त सुनाई पड़ती है और छोटा-सा नगाड़ा किसी दूसरे चौराहे पर गूँजने लगता है।

और उतरती हुई रात में वह नगाड़े की आवाज़ एक छत फाड़ ठहाके में डूब जाती है...यह चौक का हिस्सा नहीं, सिविल लाइन्स है और कहवाघर में गहमागहमी शुरू हुई है...हाईकोर्ट और कचहरी से लौटे हुए असफल वकील अब तक अपने घरों को वापस जा चुके हैं और अब बौद्धिक लोगों के झुंड कॉफ़ी हाउस में आ रहे हैं।

कॉफ़ी-हाउस के बाहर साइकिल स्टैंड पर साइकिलें दे-देकर लोग भीतर जा रहे हैं ! कुछ रिक्शों से उतरते हैं और भीतर चले गए हैं और एक रिक्शेवाला कॉफ़ी-हाउस के दरवाज़े से चिपका, उस झिड़कते हुए बैरे को बता रहा है–"अब का करी साब ! छय आना इहाँ तक का भवा सो चवन्नी दीन, ओ, चवन्निअओ खराब...तनि बाबूजी से बदलाय देयँ ! बस, हम चला जाव...'

भीतर किसी अहम मसले पर बहस छिड़ी हुई है—कुछेक मेज़ों पर राजनीतिक कार्यकर्त्ता हैं, लम्बे-लम्बे खादी के कालरदार कुर्ते और पायजामे पहने हुए और पिटे हुए एम.एल.ए. मेज़ पर हाथ पटककर कह रहे हैं—'बाई इलेक्शन तो दोस्त होके रहेगा...गुंडागर्दी से अब काम नहीं चलेगा, जनता अब समझदार हो गई है...।'

और उधर बीचवाली दीवार से लगी मेज़ों पर बैठे हैं, साहित्यिक, जो राजनीतिज्ञों से नीची आवाज़ में, पर बड़े दम-खम से घोषित कर रहे हैं, 'ख्रुश्चेव ! एब्स्ट्रैक्ट आर्ट की मज़ाक उड़ाता है, फिर वही रेजीमेंटेशन, व्यक्ति की स्वतन्त्र सत्ता पर हावी होने की कोशिश...''

एक साहब बीच में बात काटते हैं, 'लेकिन इसमें बुरा क्या है ? लेखक-कलाकार के सामने यह तो स्पष्ट होना चाहिए कि वह किसलिए लिखता है ? किसलिए पेंट करता है...'

और गहराती रात के साथ-साथ वाद-विवाद गहराता जाता है। स्वर प्रखर होते जाते हैं और वही बुनियादी बहस छिड़ जाती है कि आखिर साहित्य और कला का मक़सद क्या है ?

और उधर चौक के डफरिन अस्पताल में एक चीख़ उभरती है—और एक रोता हुआ मज़लूम आदमी हाथ मलता, खम्भे से टिककर बैठ जाता है, 'हाँ पाँचवाँ था...हमारी तो गृहस्थी ही तबाह हो गई...छोटे-छोटे हैं चारों...हे परमात्मा...' और वह दहाड़ मारकर रो पड़ता है। लेबर-रूम से एक नीली पड़ी हुई लाश निकालकर बरामदे में रख दी जाती है...

और किसी बेहद गुंजान मुहल्ले में गर्मी से परेशान, करवटें बदलता हुआ एक आदमी पास पड़ी औरत पर हाथ रखता है—चटखनी के बटन चुट-चुट होते हैं...

'उहूँ, बहुत गरमी है...' औरत की दबी हुई आवाज सुनाई पड़ती है।

'तो क्या हुआ...'

'उफ्...बला की गरमी है....' कुछ देर बाद आदमी का स्वर सुनाई देता है और औरत जागे हुए बच्चे को ठोंकने लगती है !

मुनादीवाला अपने घर जाकर सो जाता है...

कॉफ़ी-हाउस में शोर थमने लगा है...अब अपने-अपने गोल के लोग रह गए हैं और एक कह रहे हैं, 'बहुत ज़रूरी है कि इन सब बातों पर एक गोष्ठी की जाए, लिटरेचर को इस तरह वल्गराइज़ करने से...'

'गोष्ठी से कुछ हासिल नहीं होगा—ज़रूरत है एक पत्रिका की, जो लगातार अपने विचारों की स्थापना करे और इस धुन्ध को साफ़ करे।'

'पर पैसा ?'

'किसी प्रकाशक को पकड़ा जा सकता है।'

'क्यों न अपने पैसे से निकाली जाए...सब पच्चीस-पच्चीस दें।'

'यह हो सकता है...'

'तो योजना बना डालो, कल शाम को डिस्कस कर ली जाए।'

'साब ! अब बन्द करने का बखत है।' कॉफ़ी-हाउस का बैरा सूचित करता है और दो-तीन मेज़ों की बत्तियाँ गुल और पंखे बन्द हो जाते हैं।

सब अपनी-अपनी जेब से अपने प्यालों का पैसा अदा करके उठ जाते हैं और रात की कालिख में डूबी महात्मा गांधी रोड आ जाते हैं—

स्टेशन से संगम तक सीधी गई है यह सड़क !

यही तो है सिविल लाइन्स की मुख्य सड़क। पुराने कॉफ़ी-हाउस के बग़ल में है नॉग-बार...सस्ते किस्म का शराबघर, जिसके दरवाज़े में तीर की तरह घुसते और निकलते वे नौज़वान दिखाई देंगे, जो दो पैग लगा लेते हैं और तली हुई मूँगफली टूँगते हुए सिविल लाइन्स की सड़कों पर चहलक़दमी करते हैं। नॉग-बार का मालिक आपको बड़ी शान से बताएगा "अजी साहब, यहाँ...इसी बार में पहले वे भी आए थे, अरे वे जो अब बहुत बड़े आदमी हो गए हैं।'

नॉग-बार के आसपास पुरानी, सूखी हुई झाड़ियों का अम्बार है ! सूनी सड़क से कुछेक लोग बड़ी बेफ़िक्री से गुज़रते हैं...सीटी पर कोई फ़िल्मी धुन गुनगुनाते हुए। और गवर्नमेंट प्रेस का कोई मज़दूर तभी पैलेस के बगलवाली गली में साइकिल रोक कर खड़ा हो जाता है और हाथ की अँगुलियाँ चटकाता हुआ ऑर्डर देता है—'एक कड़क चाय।'

पैलेस सिनेमा के गेट-कीपर बड़े इत्मीनान से टिकटों की गिनती करते हुए पानवाली गुमटी पर जमा हो जाते हैं और धीरे से मज़ाक के लहजे में एक बोलता है—'आज फिर आई है...ग़जब की औरत है भाई...'

पैलेस की बगलवाली गली में खासी रौनक रहती है। छोटी-छोटी गुमटीनुमा चाय और पान की दुकानें हैं, एकाध सस्ते होटल हैं, जहाँ बेघर-बार बाबू लोग रात गए देर तक खाना खाने के लिए आते रहते हैं।

पूरी सिविल लाइन्स इस वक़्त खामोश हो जाती है। अजीब-सी बेबसी और ठहराव छा जाता है चारों तरफ। सीधी, सुतवाँ महात्मा गांधी रोड भी जैसे

कहीं नहीं पहुँचाती...बस पड़ी रहती है, पर लगती बड़ी स्वप्निल है—नियोन बत्तियों की लिली की कलियों जैसी रोशनी के सुनहरे धब्बे सड़क पर जगह-जगह बिखरे होते हैं। और ऊँचे छतनार पेड़ों की छाया में मोहक अँधेरा बिखर जाता है...

आधुनिक-सी लगनेवाली बन्द दुकानों के गोरखे चौकीदार डंडा पटक-पटककर सुनसान रात की खामोशी में लम्बा आलाप लेते हैं...एक ऐसे दुख भरे गीत की आवाज़ होती है वह, जो दूर-दूर तक हल्की हवा पर तैरती चली जाती है...

और चौराहे पर मद्धिम बत्तियों की रोशनी में दिखाई पड़ता है—रामाज़। दो-तीन रिक्शे सवारियों के इन्तज़ार में खड़े नज़र आते हैं। भीतर बीमार-सी रोशनी भरी रहती है और वहाँ के बैरे खुद एकाध पैग लगाकर खाली मेज़ों के इर्द-गिर्द चक्कर काटते रहते हैं।

दस बरस पहले भी यही बैरे थे, यही शक्लें थीं और अब भी वे ही बैरे और शक्लें हैं। उनकी आँखों में एक पहचान है...मेज़ पर बैठते ही ऑर्डर लेकर अदब से पूछेगा, कोई एक बैरा, 'अब साहब किधर होते हैं ?'

वह किसी बड़े शहर का नाम लेता है।

'उधर अपन के लिए कोई सिलसिला नहीं हो सकता साब।' बैरा मेज़ पर सफ़ाई करते हुए पूछेगा।

'क्यों, इधर कोई तकलीफ़ है क्या ?'

'नहीं साब, इधर तो कुछ भी नहीं है...' कहता हुआ वह अपनी बेबसी में चला जाएगा।

और दस या बारह बरस पहले मेज़ें और उसकी जगह भी फ़ौरन याद आ जाएगी ! हाँ...वह बेहद परेशानी से भरी शाम, आठ बरस पहले, उसी कोनेवाली मेज़ पर गुज़री थी...कैक्टस का यही बूटा यहीं रखा था...और कर्ट्रेन्स के छल्लों की बिलकुल यही आवाज़ थी, जैसी कि आज सुनाई दी है।

बैरों के चेहरों पर एक बुझा हुआ गौरव है—इस बात का कि उन्होंने उन सब साहब लोगों की खिदमत की है, जो पहले कभी यूनिवर्सिटी में पढ़ते थे और अब बड़े-बड़े अफ़सर बनकर दूर-दराज़ शहरों में चले गए हैं।

किसी रिक्शे में घुटने मोड़कर लेटे हुए रिक्शेवाले के पेट में तभी कोई गुमानभरा पुलिस का सिपाही डंडे से खोदकर कहेगा—'ए उठ, कोतवाली तक चल !'

'मालिक सवारी भीतर है...'

'सवारी का बच्चा, चल !' और वह पुलिसवाला हुमककर रिक्शे पर बैठ जाता है और रिक्शा चौक-कोतवाली की तरफ़ रेंगता हुआ चला जाता है...पुराने रीजेंट और अब के प्लाज़ा सिनेमा के बाहर ठेले पर पान-बीड़ी-शर्बत की दुकानें सजाए और गैस-लैम्प जलाए चलते-फिरते दुकानदार इंटरवल के इन्तज़ार में खड़े रहते हैं...इंटरवल होते ही एक नपा-तुला हंगामा-सा मचता है—सोडा-लैमन। और दो मिनट की रौनक़ के बाद सब थम जाता है।

उधर गज़दर के लॉन पर सपनीली झाड़ियों के अगल-बगल लगी मेज़ों पर बीयर के दौर चलते हैं और भीतर विलियर्ड रूम में दो-एक चेहरे नज़र आते हैं...हल्की रोशनी और बहुत धीमी आवाज़ में बजते हुए रिकार्ड की ध्वनि सहसा मन को बाँधने लगती है, यहाँ सब कोई नहीं आता।

और गज़दर के आगे सुनसान सड़क है और ख़ामोशियाँ हैं...गज़दर के बगलवाली सड़क पर ऊँचे-ऊँचे सेमल के वृक्ष हैं और ख़ामोशियाँ हैं...गज़दर के सामनेवाली सड़क पर वीरानगी और ख़ामोशियाँ हैं...

यहाँ भी कुछ नहीं बदला है—वही स्टील की मेज़ें और कुर्सियाँ हैं, बेंतवाली कुर्सियाँ आज भी उतनी ही हैं। बोर्ड भी वही है और मेंहदी की वही गंध है जो पहले थी...

चाँदनी नहाए सेमल वृक्षों की पाँत भी वैसी ही हैं और छतनार इमलियों में वैसा ही अँधेरा दुबका बैठा है।

इन ख़ामोश और वीरान सड़कों पर जैसे यादें रुकी हुई हैं। रात का सन्नाटा, मेंहदी की फूटती हुई गंध और यादों के रुके हुए क़दम।

वे यादें जिनमें बहुत पीड़ा है...इलाहाबाद की इन वीरान-मोहक सड़कों ने बहुतों को सहारा दिया है, राहत दी है। इन सड़कों पर रात को घूम-घूमकर बहुत बार दिल को राहत मिली है।

और एक सड़क ऊँची-नीची, पुलिस लाइन को पार करती हुई पहुँचती है, कटरा में...कचहरी की इमारत और वकील-मुवक्किलों की खम्भोंवाली दालान खाली होती है इस वक़्त। वकीलों के टूटे और सड़े हुए तख्तों पर शहर के बेपनाह लोग सोते रहते हैं। सामने है चर्च...और कुछ ग़रीब ईसाइयों के घर।

कटरा में इधर से घूमते ही घोड़ों की गर्म गंध और घास की महक...और चौराहे पर मिलेंगे इलाहाबाद के खास रहनेवाले—भरे-पूरे शरीर, तहमद लगाए और बनियाइन पहने दादा लोग। जिन्हें पुलिस का सिपाही भी 'जयराम'

बोलकर जाता है और वे आते-जाते को आवाज़ लगाते हैं—'कस गुरु।' बहुत शाइस्ता सलाम-बन्दगी, बेहद खुरदरे किस्म के लोग, पर निहायत चौकस और चौकन्ने !

कोई एक आदमी फ़रियाद लेकर आता है, 'गुरु, अब तुम्हारे रहते मुहल्ले में यह सब जुल्म होगा।'

'कस हो ! बात बोलो !' तहमद का फेंटा कसते हुए और कान में लगी इत्र की फुरहरी ठीक करते हुए वह व्यक्ति पूछता है।

'अब का तबाइ गुरु...घरवाली अपन मैके गई, अब साल-भर होय रहा है, चार बार विदा के बरै गए पर ओकर बाप ससरा भेजय को तैयार नहीं है। कायदा-किरिया से बात करो तो गरियात है... ।''

'पीपलवाला मकान है न बुलाकी का ? पर तुम्हार घरवाली का मर्जी का आय ? ई सब तो औरत पर है भाय...ऊ आवे को तैयार होय तो बुलाकी साले को सीधा किया जाय, ठीक आय न ?'

'ऊ तो बिल्कुल तैयार आय !'

'तो बुलाओ साले बुलाकी को...उसकी...'

और एक मिनट में ज़ोर-जबर्दस्ती की बातचीत या मारपीट से काम निकल जाता है। इतना ही नहीं, खून तक हो जाते हैं और अपनी आन के लिए जन्म क़ैद या फाँसी पहुँचना भी कोई बड़ी बात नहीं है।

म्योर कॉलिज से यूनिवर्सिटी के लिए मुड़नेवाले चौराहे पर गहरे अँधेरे में तोपों की तरह खड़े हैं ठेले। और उन्हीं पर सो रहे हैं उनके ग़रीब चलाने वाले...जो दिन-भर की तन-तोड़ मेहनत के बाद सत्तू और मिर्च खाकर लेट जाते हैं, अपने घरों से दूर...खुले आसमान के नीचे। बरसात और सर्दी में बड़ी तकलीफ होती है इन्हें, दुकानों के पटरों पर जैसे-तैसे निबाह हो जाता है।

और उधर यूनिवर्सिटी के होस्टलों में आधी रात गए बत्तियाँ जलती दिखाई देती है। ऊँची-नीची इमारतों की खिड़कियों से रोशनी झाँकती रहती है...यह विश्वविद्यालय के होस्टल एक महान परम्परा के प्रतीक हैं...जो अभी तक चली आ रही है। पं. गंगानाथ झा, अमरनाथ झा और डॉ. ताराचन्द ने जिसकी नींव डाली थी।

और यूनिवर्सिटी के आसपास के यह तमाम रास्ते...इलाहाबाद से बाहर चले जानेवालों की स्मृतियों में हमेशा घुमड़ते रहते हैं। यही तो हैं वे रास्ते जिन पर आते-जाते कसमें खाई गई थीं...मौन स्वीकृतियाँ। मला थीं और गुलमुहर

के पेड़ सिन्दूरी हो गए थे। या वे रास्ते जिन पर साथ चलते हुए अमलतास के पेड़ों ने पीली चुनरी ओढ़ ली थी...और फिर धीरे-धीरे अमलतास के पीले फूलों के कोमल गुच्छे कुम्हलाकर छितरा गए थे, गुलमुहर के सिन्दूरी फूल झड़-झड़कर बिखर गए थे और इन सूने रास्तों पर धूल के बगूले उड़ने लगे थे...सूखी हुई पत्तियाँ हवा के साथ बेसहारा उड़ने लगी थीं।

कोई एक जन उसी रास्ते पर इस रात के अँधेरे में जैसे पुरानी पहचानें खोजने आया है। बहुत धीरे-धीरे चला जा रहा है वह...शायद दस साल पहले यही व्यक्ति तो था जो कितना खुश और भरापूरा दिखाई देता था, पर आज बहुत थका-सा है...

'अरे आप !'

'हाँ !'

'इस वक़्त यहाँ कैसे ?'

वह धीरे से मुस्कराता है, 'सिनेमा देखकर लौट रहा हूँ, रिक्शा नहीं मिला तो पैदल ही चल दिया।' वह झूठ बोलता है। पता नहीं क्यों आदमी इतना बेबस होता है कि यादें भुलाए नहीं भूलतीं।

बहुतों के सपने टूटे हैं, इन्हीं रास्तों पर...और राहें बदल गई हैं, क्योंकि यह इलाहाबाद है—अपने संस्कारों के दायरे से कभी भी बाहर न निकल पानेवाला शहर। एक ऐसा शहर जो पुरातन मान-मूल्यों को अब भी चिपकाए है, जो कोई भी नया क़दम उठाने में घबराता है।

और कम्पनी बाग़ ही एक ऐसा यादगार है जो अब भी अंग्रेज़ी जमाने को साकार करती है...लम्बे-लम्बे अशोक के वृक्षों, घनी क्यारियों और खूबसूरत घास के लॉनोंवाला बाग़, जिसकी किसी बेंच पर लेटे हुए आदमी को पुलिसवाला जगा रहा है, 'घर-बार नहीं है ?'

'सोने की जगह नहीं है !'

'तो यहाँ नहीं सो सकते। उठो, उधर जाओ !'

यह किसी मज़लूम बाप का बेटा घर से घबड़ाकर राहत के लिए यहाँ आया है...उफ़ ज़िन्दगी कितनी बेरहम है ! इलाहाबाद में तो कुछ भी नहीं मिलता। सुना था इतना बड़ा शहर है...पर पेट भरने का कोई सिलसिला यहाँ नहीं है। मेहनत-मज़दूरी करके ज़िन्दगी चलाने लायक भी आधार नहीं है।

यह एक धीरे-धीरे मरता हुआ शहर है—जिसमें अब कुंठा और निराशा छाई हुई है। घिसटती हुई ज़िन्दगी है और रातें हैं पछतावे के लिए। हर रात

कोई एक नौजवान आत्महत्या के लिए गंगा के पुल की ओर या जमना के किनारे मिंटोबाग़ की ओर जाता है...

ज़रा-सा घूमकर अगर ऑफ़िसर्स ट्रेनिंग स्कूल होते हुए चौक की तरफ़ निकल जाएँ तो कुछ और ही ज़िन्दगी सामने आती है। ऑफ़िसर्स ट्रेनिंग स्कूल के हॉल में रात के दो बजे एक ग़ैर-पेशेवर नाटक-संस्था के उत्साही लोग सैट-बाँध रहे हैं। थककर वे बाहर आ जाते हैं तो शायद संयोजक ही कहता है, 'पर यार, बिजलीवाले और चायवाले का पुराना ही बिल चुकाना है...इस बार बड़ी मुसीबत होगी...।'

'टिकट बेचो और क्या चारा है ?'

'सब तो पास माँगते हैं !' संयोजक कहता है।

यही वह जगह है जहाँ इलाहाबाद की सांस्कृतिक हलचल दिखाई देती है। अपना-अपना जेबखर्च बचाकर छोटी-छोटी नाटक-संस्थाओं के कलाकार यहाँ नाटक करते हैं...कर्ज़ा चढ़ता है और नाटक खत्म होने के बाद बिजलीवाला, कुर्सीवाला और चायवाला अपने पैसे वसूलने के लिए उनका पीछा करते हैं।

कर्ज़ा नहीं उतरता, पर नया नाटक शुरू होने पर फिर सब जुट जाते हैं, वही बिजलीवाला आता है, वही चायवाला चाय पिलाता है और कहता है, 'ठीक है बाबू ! हम न करेंगे तो और कौन करेगा...पैसे की फ़िकिर मत करो...पियो, चाय पियो... !'

फिर नाटक होते हैं, फिर कर्ज़ा चढ़ता है, फिर पैसा वसूलनेवाले पीछा करते हैं और कुछ दिनों बाद नया नाटक शुरू होने पर फिर सब जमा हो जाते हैं। हिसाब कापियों में दर्ज़ रह जाते हैं।

यहीं से और आगे बढ़ें, चौक की तरफ़ तो चौराहों के आसपास काठ की गुमटीनुमा पान तथा किरानेवालों की दुकानें हैं, जिनकी कई-कई पीढ़ियाँ उसी दुकान के नीचे बने कच्चे गड्ढे में रहती आ रही हैं, बरसों से किस्मत जैसे रुकी हुई है...

और खामोश रात के इस क्षण में भी बिजलीघर के पास रेलवे साइडिंग में बने कोयला गोदामों में आदमी भूत की तरह भाग रहे हैं...रात-भर में रेलवे बैगन खाली होना है। टनों कोयला उतर रहा है और मज़दूर लगे हुए हैं—काले बुतों की तरह चल-फिर रहे हैं। किरासिन की लालटेनों में उनके काले स्याह

शरीर और भी डरावने लग रहे हैं...ये आदमी नहीं, मशीन के पुर्ज़े हैं जो गाँवों में बसे अपने परिवार का पेट भरने के लिए दिन-रात मशक्कत करते हैं और किसी दिन लू या निमोनिया से मर जाते हैं।

ढलान से उतरते ही निरंजन सिनेमा के पास पान की दुकानों पर शहर के छैला खड़े दिखाई देंगे...तंजेब का कुरता, गले में काला डोरा और आँखों में एक अकड़। इलाहाबाद का यह नौजवान-समुदाय रात को ही निकलता है...पर इन नौजवानों में एक दर्प है, अपने बनाए हुए शरीर के प्रति चेतनता है। इन्हीं पान की दुकानों पर खड़े-खड़े अगली लड़ाइयों की शर्तें तय हो जाती हैं, 'कस हो मालिक ! ज़रा अपन रघुवीरवा से कहि देना कि हिम्मत हो तो करेलाबाग़ में जमुना किनारे मिले...कल दोपहर...और जौन-जौन ओकर साथी होंय, सबका बलाय लाय ! कल मामला तय ! रोज-रोज की घिस-घिस कौन करे !'

और दो-एक भद्दी गाली-गलौज के बाद लड़ाई का वक़्त और जगह मुक़र्रर हो जाती है। चैलेंज चला जाता है और तय हुई बात के मुताबिक दो मुहल्लों के नरपुंगव अपना-अपना नाम और आन क़ायम रखने के लिए उतर पड़ते हैं, मैदान में। बेहिचक मारपीट होती है दोनों पार्टियों में, पुलिस केस बनते हैं, अस्पतालों में मरहम-पट्टी होती है और यह तय हो जाता है कि किसका रौब और दबदबा चौक में रहेगा।

कुछ ग़रीब और टूटे हुए रिक्शेवाले गली की हौली में कुच्चड़ से घूँट भर रहे हैं और आधी रात में भी बेहिचक बैठकर पकौड़ियाँ तलनेवाली अधेड़ औरत से तरह-तरह के रिश्ते क़ायम कर रहे हैं ! बड़ी शोख़ है औरत भी...

'अरे भौजाई...एक घूँट ! ऐसे हम पकौड़ा न लेब, पहले एक घूँट !'' एक मनचला कह रहा है और वह तेल की पकौड़ियाँ तलनेवाली अधेड़ औरत शोख़ी से देखती हुई मुस्करा रही है।

पुलिस के दो कांस्टिबुल रिक्शे पर लदे हुए कह रहे हैं, 'चल बे उधर, लीडर रोड की तरफ़ ! साली रात-भर की गश्त है !'

'मालिक अब तो पैर जवाब देय रहे हैं !' रिक्शेवाला मिन्नत करता है तो पुलिसवाला घुड़क देता है। रिक्शा धीरे-धीरे हिचकोले खाता हुआ लीडर रोड की तरफ़ चला जाता है।

सारी रात इलाहाबाद में वह पुलिसवाले रिक्शों पर बैठे गश्त लगाते नज़र आ जाएंगे...और जो रिक्शेवाले उनके चंगुलों में फँस जाएँगे वे रात-रात-भर

बिना पैसा पाए, बिना पलक झपकाए घूमते रहेंगे।

चौक का रास्ता खाली पड़ा है। घंटाघर के पास मुसलमान होटलवालों तथा चायवालों की दुकानों में रौनक है, जिनकी दीवारों पर लिखा है, 'सियासी बहस करना मना है !' बड़े-बड़े देग रखे हैं और नीचे नालियों में कुत्ते हड्डियाँ चूस रहे हैं...और एक होटल की बेंच पर बैठा किस्सागो कहानी सुना रहा है, 'तो राजा अकबर की तबीयत अलील थी। बीरबल से उन्होंने कहा, 'दरबार बर्ख़ाश्त करो...' और बेग़म चली गई झूला झूलने ! बादशाह सलामत चले गए शिकार को। शाम हुई तो बेग़म ने बाँदियों से कहा, 'हमाम तैयार है ?' कोर्निस करती हुई बाँदियों ने कहा, 'जी हाँ सरकार !' तो साहबान चार बाँदियाँ आगे, चार पीछे...हमाम में इत्र के फव्वारे छूट रहे थे....एक में गुलाब की खुशबू, एक में चमेली की, एक में चम्पा की...बाँदियों ने बेग़म की चोली खोली और सारे कपड़े भी उतार दिए...सिर्फ़ एक रेशमी टुकड़ा रह गया पोशीदा जगह पर और उधर बादशाह सलामत...' यह किस्से हर रात चलते हैं। हर रात एक नया किस्सा—एक नया अन्दाज़ेबयाँ। और उसके बदले में किस्सागो खाता है सिर्फ़ खाना—एक प्लेट रोग़न जोश, दो कबाब और चार चपातियाँ। बाद में एक प्याली नमकवाली चाय...कोई न कोई क़द्रदान मिल ही जाता है और किस्सागो का पेट भर जाता है। यही है उसका सहारा। और सुबह चार बजे जब सब सुननेवाले उठ जाते हैं तो वह किस्सागो टीन के सन्दूक बनानेवाले नियामत मियाँ के छप्पर में बकरियों के पास जा लेटता है !

एक रात किसी ने बताया था, गढ़ी की सराय में पेशा करनेवाली सस्ती किस्म की औरत से आशनाई थी इसकी। जब वह चार-चार और आठ-आठ आने पर भी मान जाती थी तो सुबह तक लस्त हो जाती थी और तब यह आदमी उसे पीटता था। वह कहती थी, 'बताओ तुम्हें कहाँ से और कैसे खिलाऊँ ! कुछ तो करूँगी न !'

और वह बड़े बुरे रोग से मरी थी, लेकिन उसकी खौफ़नाक और तकलीफ़देह मौत ने भी और औरतों को 'गुमराह' नहीं कर पाया था...।

गढ़ी की सराय का यह सस्ता औरत-बाज़ार—गई रात तक खुला रहता है। गन्दी खोलियों के पक्खों में गढ़ी कील से लालटेनें लटकती रहती हैं और लालटेन से रँगापुता मुँह चिपकाए बैठी रहती है औरतें...नालियों में कीड़े बिजबिजाते रहते हैं और नशे में धत्त, लावारिस आदमियों की आमदरफ्त रातभर बनी रहती है।

बदबूदार खोलियों पर टँगे टाट के पर्दों के पीछे से रह-रहकर गाली-गलौज और भद्दे व्यवहार की आवाज़ें आती हैं...नशे में धुत्त आदमी जानवर की तरह इन चुसी हुई औरतों को चींथता है और लड़खड़ाता हुआ उतरकर चला जाता है—'स्साली !'

ग्रांड ट्रंक रोड पर ही ईसुमसीह का गिरजा है, जिसमें सुबह होते ही पाक ज़िन्दगी का उपदेश सुनाया जाता है...

नीम के पेड़ों से अँधेरा फूट रहा है—ये कुछेक बचे हुए नीम के पेड़ 1857 के खूनी इतिहास के साक्षी हैं—जिन पर न जाने कितने देश-प्रेमियों की लाशें लटकाई गई थीं।

और इतिहास के उसी महान बलिदान-स्थल की बग़ल में है मीरगंज बेले के हारवाले यहाँ घूमते मिलेंगे...अँधेरी सीढ़ियाँ हैं यहाँ, चिकें लटकी हुई हैं, और ऊपर बारजों से नाच-गाने की आवाज़ें आ रही हैं। कैंची की सिगरेट पीनेवाले शौक़ीन, धोती की काँच कसते हुए ऊपर चढ़ते जा रहे हैं।

मुनादीवाला अब भी सो रहा है।

और उधर बलुआ घाट की तरफ़ जमुना के किनारे एक ग़रीब बस्ती में झमाझम पानी बरस रहा है। छोटी-छोटी झोंपड़ियाँ पानी के सैलाब से भर गई हैं, कीड़ों-मकोड़ों की तरह आदमी-बच्चे निकलकर इधर-उधर ऊँची जगहों पर भीगते बैठे हैं और एक दलदली कच्ची कोठरी के फ़र्श पर, तीन बजे रात में एक माँ ने बच्चे को जन्म दिया है। हाल का जन्मा शिशु कीचड़ में लिथड़ा पड़ा है और माँ बेहोश है...उसका बाप वहाँ रेलवे साइडिंग में काला भूत बना कोयला उतार रहा है...

सुबह बच्चे को छाती से चिपकाए, यही माँ डाँवर की सड़क पर मिट्टी छिटकने के लिए चली जाएगी और यह खुशनसीब दुधमुँहा सड़क के किनारे किसी पेड़ की शाख में पड़ी झोली में झूलता रहेगा। रह-रहकर माँ की छातियाँ भर आएँगी और वह ठेकेदार की निगाह बचाकर दस बार उसे दूध पिलाने जाएगी।

मुनादीवाला शायद तब भी सोता रहेगा।

और उधर स्टेशन पर प्रयागराज के पंडों के आदमी आए हुए यात्रियों को लम्बी-लम्बी बहियाँ दिखाते हुए इत्मीनान दिला रहे हैं—'अरे आप, लाला हरद्वारीलाल ! आपके पिताजी का नाम है—बनवारीलाल और दादा का इतवारीलाल और परदादा का सुन्दरीलाल ! बमुकाम ज़िला छपरा ! माघ बदी

पूनो को सम्वत्...में आपके परदादा ने त्रिवेणी स्नान किया, और गोदान किया और 51 ब्राह्मणों को खिलाया। आओ जिजमान...''

सुननेवाले का मुँह दीप्त हो उठता है और गंगास्नान के लिए आए हुए गोल के गोल ताँगों में भरकर हीवेट रोड से होते हुए दारागंज चले जाते हैं !

दारागंज में पुराने मकान हैं, वंशावली से चले आते हुए प्रयागराज के पंडे हैं और हिन्दी के वे लेखक हैं जो संस्थाओं को तोड़ने-फोड़ने का काम करते हैं ! दिन में व्यापार करते हैं और रात में महाकाव्यों की रचना !

लेकिन यहीं एक पतली गली में निरालाजी भी थे...उनकी पदचाप पथरीली गली में अब भी गूँज रही है।

और ढलान के नीचे चाँदी-सी रेत के बिस्तरे पर बह रही है गंगा—चाँदी की धार-सी ! इलाहाबाद की एक बाँह है गंगा और दूसरी है जमुना। उधर उस सीमा पर—जहाँ मछुआरे उतरती रात में जाल समेट रहे हैं। और एक स्वर जमुना के पार से थरथराते पानी पर तैरता हुआ आ रहा है—'गंगा जमुनवा की धार रे...' गीले तटों पर बैठी मछुआरिनें नावों के लौटने का इन्तज़ार कर रही हैं।

रात अब उतार पर है।

जमुना के पुल से रेलगाड़ी गुज़रती है। निस्तब्धता बिखर जाती है। ईविंग क्रिश्चियन कॉलिज़ की इमारत चुपचाप खड़ी है, टावर की घड़ी बोल रही है...कितनी पहचानी हुई है यह आवाज़। कंकरीले रास्ते और एक पेड़ के नीचे बनी हुई सीमेंट की बेंच। एक पुरानी गंध चारों तरफ़ भर जाती है और बहुत-सी दीवारों और लम्बी दूरियों और मज़बूरियों के पार—दो आँखें दिखाई देती हैं, वैसी ही भीगी-भीगी ! ओह गॉड...

अब रात बहुत ढल चुकी है। चारों तरफ़ सन्नाटा है। ऊपर सुरमई आसमान में सितारे डूबने लगे हैं। जगह-जगह यादें रुकी हुई हैं...जगह-जगह भीगी आँखें इन्तज़ार में थकी हुई हैं। बरस बीतते जा रहे हैं, पीढ़ियाँ बदलती जा रही हैं, पर यह पुरातनप्रेमी शहर नहीं बदलता...इसके संस्कार और परम्पराएँ नहीं बदलतीं।

...अब लोग सपनों में भरमाए हुए हैं। किसी साहित्यिक के कमरे से बीमार रोशनी छन रही है, कोई कवि चिरन्तन सत्य की तलाश में परेशान है। बौद्धिक कहे जानेवाले लोग नए मूल्यों के नाम पर कुंठा और हताशा में खंडित खड़े

हैं। उनके इर्द-गिर्द सिर्फ़ सपनों-सी दुनिया का है एक कुआँ, जिसकी परिधि में वे सबका साक्षात कर रहे हैं और गूँजती हुई अपनी ही आवाज़ उन्हें सुनाई पड़ रही है। कुएँ से बाहर की दुनिया का उन्हें क़तई अहसास नहीं है।

...किसी पंडे के घर पर कोई क़त्ल हुआ है...

जार्ज टाउन में वकीलों, एडवोकेटों के बँगलों में घुप्प अँधेरा है। सुबह जब पैसा उन्हें जगाएगा तो वे उठेंगे और हाईकोर्ट में मुकदमा लड़ेंगे।

रात अब ख़त्म हो रही है।

हर आदमी सपना देख रहा है कि कल ज़िन्दगी एकाएक बदल जाएगी। कल यह हालत नहीं रहेगी और वह ख़ुशहाल हो जाएगा।

उधर अपने लेखन कक्षों में किताबों के बिस्तरे पर सोए पड़े लेखकों-कवियों को बड़ी अच्छी नींद आ रही है...दिमाग़ी परिश्रम के बाद बेचारे थक जाते हैं।

और इधर मज़दूर कोयला उतार रहे हैं, मछुआरे जाल समेट रहे हैं, रिक्शेवाला पुलिसवाले को घुमा रहा है...एक भूखा किस्सागो एक प्लेट गोश्त की आस में कहानियाँ सुना रहा है...एक माँ बच्चे को जन्म देकर बेहोश है। डफरिन अस्पताल में एक नीली लाश पड़ी हुई है और गुंजार मुहल्ले में एक आदमी चूर-चूर होकर कह रहा है—'उफ़ बहुत गर्मी है !' गढ़ी की सराय की खोली से एक लड़खड़ाता हुआ आदमी उतरा है 'स्साली।'

शहर इलाहाबाद की ज़िन्दगी इधर और उधर—दो हिस्सों में बँटी हुई है—बौद्धिक कहे जानेवाले सिर्फ़ सोच रहे हैं, और ज़िन्दगी से जूझनेवाले सिर्फ़ जूझ रहे हैं...दोनों एक-दूसरे को नहीं पहचानते। उनका कोई रिश्ता नहीं है।

हर आनेवाली रात की बाँहें इस मरते हुए शहर को और भी जकड़ती जाएँगी। इस शहर की साँसें भी भारी होती जाएँगी।

मुनादीवाला सो रहा है। सुबह वह उठेगा और किसी चौराहे पर आवाज़ लगाएगा—'शहर इलाहाबाद ! बमुक़ाम नगरपालिका...' और तब कुछ यात्री गंगास्नान के लिए जाएँगे, नौकरीपेशा, दफ़्तरों की तरफ़ जाएँगे और लेखक-कवि कहवाघरों में घुसकर मानवता के भविष्य पर बहस करेंगे।

फिर रात उतरेगी और मुनादीवाला सो जाएगा।

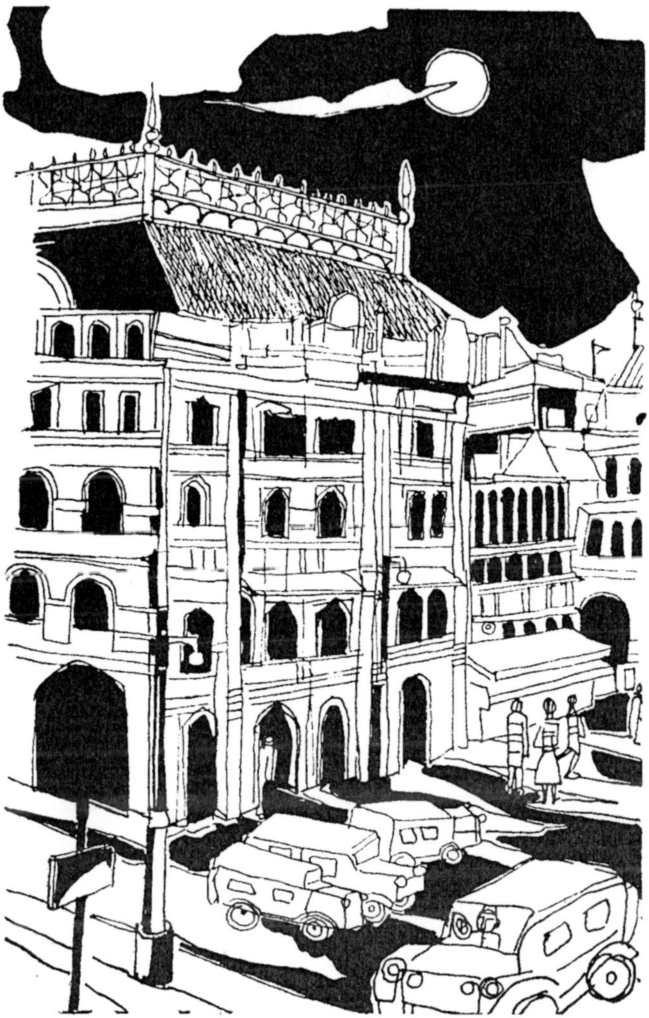

कलकत्ता

"नाइट स्काई ऑफ़ कैलकटा...कलकत्ते का नैश-आकाश..."

"अभी-अभी यहाँ अँधेरा छा जाएगा और ऊपरवाला गुम्बद चम-चम करते सितारों से जगमगा उठेगा...फिर हम हर सितारे को अलग-अलग पहचान सकेंगे। बड़े शहरों में आकाश को इतने गौर से देखने का अवसर कहाँ मिलता है !...शायद इन्हीं नक्षत्रों में आपको अपने घर पर चमकनेवाले नक्षत्र भी दीखें...लेकिन इससे पहले आइए, कुछ जान लें...यह जो बीचोंबीच हावड़ा ब्रिज-जैसा यन्त्र रखा है, यह बहुत ही क़ीमती है...। हिन्दुस्तान में पहली बार इसे यहाँ स्थापित किया गया है...। यह दो हज़ार साल बाद और दो हज़ार साल वर्ष पहले के आकाश को ज्यों का त्यों प्रस्तुत कर सकता है—यह नक्षत्रों की सही स्थितियाँ बता सकता है..."

और धीरे-धीरे अनाउंसर की आवाज़ की दिशा खो जाती है...अँधेरा गहराने लगता है और एक नक़ली आसमान छतरी की तरह ऊपर खुल जाता है, बुन्दकियोंवाले विभिन्न पैन्टर्स बनाते छोटे-छोटे असंख्य तारे उग आते हैं...लोग अपने-अपने घर पर चमकनेवाले नक्षत्रों की तलाश में खो जाते हैं...अनाउंसर की आवाज़ कानों में अर्थहीन भनभनाहट बनकर गूँजने लगती है...सभी भूल जाते हैं कि वे खुले आसमान के नीचे नहीं, बिड़ला-प्लैनेटेरियम के शीत-ताप-नियन्त्रित हॉल में बैठे हैं...वे मशीनों के बीच और मशीनों को घेरे बैठे हैं...कहीं से एक आवाज़ कहती है—'यह आधी रात का आसमान है' और शरीर शीत की फुरहरी की अनुभूति से रोमांचित हो आता है...आवाज़ बताती है—'यह दोपहर का समय है...।' और कपड़े पसीने से तर होने लगते हैं। भीतर एक आश्चर्य होता रहता है कि कैसे एक अनजान आवाज़ की आज्ञा पर हम दोपहर और रात अनुभव करते जाते हैं। कुछ नहीं बदलता लेकिन शरीर पसीने और शीत की अनुभूति से छा जाता है...जैसे यहाँ होता कुछ नहीं है, सब-कुछ दूसरों द्वारा सजेस्ट कर दिया जाता है और हम चुपचाप अनचाहे वही प्रतिक्रिया

करते जाते हैं...आवाज़, प्रकाश का नन्हा-सा तीर बनकर अब नक्षत्रों और ग्रहों का भेद, उनकी दूरी और दिशा बता रही है और हर व्यक्ति अपने-अपने घर की स्थिति बतानेवाले नक्षत्र को जान लेना चाहता है...

लेकिन शायद सारी ज़िन्दगी यों ही इन प्रकाश के तीरों पीछे भागते निकल जाएगी...न अपना नक्षत्र मिलेगा, न 'घर'...सब के साथ-साथ रात होने की मजबूरी, सब के बीच मौसम बदलने की लाचारी...और हर 'आज' की तकलीफ़ को आनेवाले 'कल' पर टाल देने की सुविधा, ताकि 'कल' के अख़बार में देखा जा सके। 'कल' हम कितने दुखी थे...और इन दो कलों के बीच सिर्फ़ एक रात....कलकत्ते की रात, यानी खोपड़ी पर झूलता पंखा...जब कभी 'उधर' (अपनी तरफ़) होते हैं, तो ऊपर निगाह उठते ही भीतर कोई चौंक उठता है; खुले आसमान के नीचे जब कभी आँख खुलती है तो भीतर कोई तलाश करने लगता है—यहाँ पंखा कहाँ लटका है...? पंखा नहीं मिलता—बस उसे 'मिस' करने का 'अनीज़ी' अहसास लटका रह जाता है, और इस अहसास के दोनों सिरों पर दो पंखे घूमते हैं—जब कलकत्ते में थे तो पंखा था ...फिर वहाँ होंगे, तो फिर होगा...बारहों महीने चलता है, दिसम्बर-जनवरी के दो महीने मच्छर भगाने के लिए, बाकी गरमी और हवा मथने के लिए...

"कलकत्ते की ट्रामों में तो पंखे हैं, बसों में भी लगने चाहिए...।" किसी दुखी आत्मा मुसाफ़िर ने कहा था। "बस यही क़सर रह गई है..." मैंने सोचा—जिसके यहाँ जाओ वहाँ पंखा (कभी-कभी उस मशीन की भीतरी तहों में घूमता है जिसे एयर-कंडीशनर कहते हैं) जहाँ से आओ वहाँ पंखा सिर्फ़ बीच के रास्ते की बसों में और हो जाए...कारों में तो लोग लगवाने ही लगे हैं। अब छतरियों में भी पंखे फिट होने चाहिएँ—कैसा सुन्दर दृश्य हो—(जैसे किसी ने सुझाया था कि बरसात में चश्मे के काँचों पर छोटे-छोटे 'वाइपर' होने चाहिए)...आप जेब में हाथ डालें और वहाँ एक पंखा घूम रहा हो...हाथ को भी तो गरमी लगती है न...

"लेकिन यहाँ अपनी जेब में कोई हाथ नहीं डालता—हर व्यक्ति दूसरे की जेब में पहले ही हाथ डाल चुका होता है...।" मदन बाबू से कहूँगा तो वे हँसेंगे वही अपनी 'हिस्सेदार' हँसी। कोई बात अच्छी लगती है, या खुश होते हैं तो वे एक साथ नहीं हँसते, एक बार में बात का जितना मज़ा ले लेते हैं, उतना ही हँसते हैं...'हा-हा !' फिर कुछ देर बाद और रस लेकर—हा-हा...।' यानी हिस्सों-हिस्सों में जैसे शायरी का मज़ा ले रहे हों...भोजन हो या भ्रमण, हर चीज़

में मज़ा लेना उनकी आदत है...उन्हें देखकर मुझे हमेशा ऐसे मलंग का ध्यान आता रहता है, जिसे सभ्य समाज में जबर्दस्ती साफ़-सुथरे कपड़े पहनने पड़ते हों...

"जब हम लोग साथ-साथ इधर रहते थे तो क्या करते थे कि अख़बार ले आते थे...बस, यहाँ बिछाया और लेट गए...एकाध घंटा लेटे कि मज़ा आ गया...च्चू आ-हा ! सारे कलकत्ते में उमस हो–लेकिन यहाँ वह हवा चलती है कि आ-हा !" हावड़ा-ब्रिज की रेलिंग पर झुके पानी में झाँकते हुए मदन बाबू बोलते हैं, "इस समय देख लो कैसी हवा है !"

सचमुच हवा ठंडी है...

रात का एक बजा है, और हम लोग–मैं, मदन बाबू और ठाकुर साहब, तीनों हावड़ा-ब्रिज की रेलिंग से झाँक रहे हैं–नीचे हुगली का तरल अँधियारा है, और उसमें छोटे-छोटे कीड़ों की तरह नावें बिखरी हैं–कुहरा-धूमिल आँखें मटकातीं–फिर दोनों ओर असंख्य बत्तियों का जाल फैला चला गया है...और कलकत्ते की ऊँची-ऊँची इमारतें अधर में लटके बादलों की तरह अवास्तविक हो उठी हैं...पुल की सारी लम्बाई में नीचे ट्राम की चार लाइनें और ऊपर बत्तियों की झालरें एक-दूसरी के समानान्तर चली गई हैं। एकदम सन्नाटा है, पीछे फट-फट करती मोटर से पाइप-सा लगाकर कुछ लोग ट्राम-लाइन की मरम्मत कर रहे हैं–दिन में तो लाइनें खाली नहीं मिलती न...। इतने बड़े सूने ब्रिज पर मदन बाबू की गाड़ी थके पिल्ले-सी पटरी से सटी खड़ी है...इस समय चौड़े पुल को देखकर विश्वास करना कठिन हो रहा है कि दिन में यहाँ चार-चार घंटे को ट्रैफिक जाम हो जाता है....और धनुष-जैसे उठे हुए पुल पर चींटियों की तरह हज़ारों गाड़ियों की क़तारें भों-भों, पीं-पीं करती खड़ी रहती हैं।

"अब किधर चलना है ?" अचानक सचेत होकर मदन बाबू पूछते हैं और सोचने लगते हैं–"अब कहाँ से शुरू किया जाए ?" फिर वह ट्राम लाइनें पार करते हुए अपनी गाड़ी में जा बैठते हैं। जिस इत्मीनान और आराम से वह अपनी सीट पर फिट होते हैं, उसे देखकर मुझे हमेशा लगता है जैसे पहले उन्हें बिठाकर बाद में गाड़ी बना दी गई है।

"कहाँ से शुरू किया जाए ?" इस पुल की तरह सवाल का दूसरा सिरा भी हफ़्तों पहले टिका है...तभी से यह सवाल हमें परेशान कर रहा है।

"कभी सारी रात कलकत्ते की सड़कों पर चक्कर काटा जाए।" मेरा प्रस्ताव आया तो हस्ब मामूल मदन बाबू भन्ना उठे–"कलकत्ता सड़कों पर

रहता है ?''

''बिगाड़ने के लिए हमारे ये ही रह गए हैं ?'' प्रतिभाजी ने विरोध किया। शायद वह भी जानती हैं कि मदन बाबू इस तरह तभी भन्नाते हैं जब उन्हें कोई प्रस्ताव पसन्द आ जाता है।

''हाँ-हाँ मदन बाबू, हो जाए !'' संसार की हर चीज़ पर निष्कृपण दाद देनेवाले ठाकुर साहब चहक उठते हैं। दिन तय होता है। अगले दिन छुट्टी देखकर, ताकि लौटने पर खूब सोया जा सके, सारी रात घूमने के बाद।

कोट और मफ़लर लपेटे जब मदन बाबू अपनी मॉरिस-माइनर नीचे छोड़कर शोर मचाते हुए मेरे दरवाज़े पर मुक्के और आवाज़ें मारते हैं तो छोटे-मोटे ख्रुश्चोव दिखाई देते हैं। ठाकुर साहब को बच्चोंवाली क्रिकेट की रंग-बिरंगी कैप पहना दी गई है और वह सांकोपांज़ा के आत्म-विश्वास से पीछे बैठे-बैठे सिगरेट पीते रहते हैं।

सड़ाक्-सड़ाक् कहीं रसोई-बर्तन धोने की आवाज़ आती है, छत पर रोशनी जलाकर भोजन हो रहा है। बंगालियों के यहाँ रात में बारह बजे खाना होता है। नीचे के बोस बाबू के रेडियो में कोई ड्रामा आ रहा है जो रात के सन्नाटे में दूर तक अपने 'डायलॉग' फेंकता है—वही अति नाटकीय थरथराती आवाज़ में पूरे जोर से बोले गए संवाद, बनर्जी बाबू के यहाँ टाइप-राइटर पर किसी केस की फ़ाइल तैयार हो रही है। वे मोटी-मोटी किताबें लिए बैठे हैं टेबललैम्प के नीचे। मानसिंह का ज़ोर-ज़ोर से टेलीफ़ोन पर ट्रंक से भाव बता रहे हैं, घटक बाबू की गाड़ी अभी-अभी आई है, राय चौधरी की पत्नी बच्चों को बहुत मारती है—शायद आज राय चौधरी फिर अभी निकल गए हैं; समर बाबू के यहाँ टेलीफ़ोन बज रहा है। मिश्राजी दोनों टाँगें आरामकुर्सी पर समेटे, बनियान चढ़ाकर पेट पर हाथ फेरते सामने के कमरें में 'देश' पढ़ती बंगाली लड़की को देख रहे हैं...पानवाला अँधेरे में रोटियाँ सेंक रहा है...

''कैसा घना कुहरा है !'' मदन बाबू समझाते हैं, ''यह कुहरा नहीं है, बल्कि कुहरे के बोझ से धुआँ ऊपर नहीं उठ पाता, वह है यह; इसे कहते हैं 'स्मॉग'। इसी में अक्सर यहाँ एक्सीडेंट होते हैं। देखो, कैसी धुन्ध है !''

''आप समझाओ मत, गाड़ी चलाओ सामने देखकर।'' ठाकुर साहब को एक्सीडेंट एकदम पसन्द नहीं है। उसमें आदमी, आदमी न रहकर अख़बार की सुर्खियाँ बन जाता है।...बेचारे इकलौते पति हैं।

''पहले कुछ खा लो। मदन बाबू को पता है, मैंने कुछ नहीं खाया है।''

वह न्यू मार्केट के पीछे मिनर्वा के पास गाड़ी खड़ी करते हैं कि दौड़कर दो-तीन लोग आते हैं–"बाबू परांठा, मुगलाई क़ीमा... ।"

"रुको-रुको ! एक को ऑर्डर देगा। अच्छा कौन पहले आया था ? तुम...? तुम ? दो पराठा रोल करके लाएगा। खूब प्याज़-मसाला देकर।" मदन बाबू अत्यन्त इत्मीनान से उसे समझाते हैं। तभी एक बहुत लम्बी कीमती गाड़ी उधर से आकर ठिठकती है और पराठे देनेवाले उसी पर लपकते हैं। इधर मदन बाबू हमारा ज्ञान-वर्धन कर रहे हैं–"यह होटल रात को दो-ढाई बजे तक खुला रहता है। बैरे लोग बाहर आकर खड़े हो जाते हैं। सिनेमा के बाद या वैसे भी बहुत लोग आते हैं। गाड़ियों से उतरकर ऐसे होटल में जाना शान के खिलाफ़ समझते हैं न, इसलिए बैरे यहीं दे जाते हैं। चीज़ वाक़ई बहुत उम्दा बनती है यहाँ की। इसे खाने दो, आओ ठाकुर, हम लोग पान खाकर आते हैं।" बैरा कागज़ की तहों में लिपटा हुआ पराठा दे जाता है। साढ़े ग्यारह बजे हैं। अंग्रेजी सिनेमा छूट चुके हैं और हिन्दी छूटनेवाले हैं। ग्रैंड होटल और कॉरपोरेशन-बिल्डिंग के आसपास की चहल-पहल रहस्यमय हो उठी है। सामने रिक्शावाला जब किसी को देखकर अँगूठे में पहना हुआ घुँघरू 'बम' पर मारता है तो बड़ी सांकेतिक 'ठक्-ठक्' होती है। वह पहले हर गुज़रनेवाले के तौर-तरीके को टटोलता है, फिर 'ठक्-ठक्' ।–बंगाली, सिंधी, पंजाबी, एंग्लो-इंडियन, अंग्रेज़ी, चीनी, पिराइवेट–एकदम फ़ैमिली की लड़की...ठक् ! ठक् !... खट से मिनर्वा की बत्तियाँ बुझ जाती हैं...एलिट का कालेप्सेबिल गेट बन्द किया जा रहा है। झोंपड़ीनुमा बालों में ऊँची एड़ी से खट-खट करती स्कर्ट पहने एक लड़की बुर्केवाली लड़की के साथ होटल में चली जाती है–गोद में बच्चा उठाए एक साहब के साथ हाथ में प्लास्टिक का थैला लिए पत्नी। सिनेमा से निकले हैं...ठक्-ठक्...बैरे एक-दूसरे से मज़ाक कर रहे हैं।

"चलो !" मदन बाबू फिर अपनी सीट पर आ बैठते हैं। "किधर ?"

बेलेजली स्ट्रीट से पहले रिपन-स्ट्रीट और फिर एक बहुत पतली-सी गली से होकर फ्री-स्कूल स्ट्रीट की ओर निकलते हुए उन्होंने पूछा था, "इस कलकत्ते को देखा है तुमने ? दिन में स्टैनो, ऑपरेटर, रिसेप्शनिस्ट, सेल्स-गर्ल्स का काम करनेवाली, इन्हीं जगहों में अपनी असली कमाई करती हैं। स्मगलिंग, चोरी, खून, शराब पीकर हो-हल्ला यहाँ की जान है। यहाँ एक जॉन बाज़ार था, पता नहीं अब है या नहीं, यहाँ चार आने और आठ आने में लड़की मिलती थी। बारह-बारह साल की लड़कियाँ छोटे-छोटे दरवाज़ों पर झुंड बनाए रँगी-पुती

खड़ी रहती थीं। पहले-से पर्दे के पीछे ही बेड-रूम बना होता था और लोग लाइन लगाए बाहर खड़े रहते थे....

"वह कहानी पढ़ी है न–मूत्री, मण्टो की है या कृशन की है...। ठाकुर साहब सिगरेट का कश लगाते हुए याद करते हैं। बस कुछ वैसा ही दृश्य है...।"

"लेकिन यह तो टूरिस्टोंवाला कलकत्ता हुआ न...।" मैं सोचते हुए अपने गाइड से पूछता हूँ, "पेशा करनेवाली लड़कियाँ, शराब की बोतलें और दाँव पर हार-जीत–वातावरण बनाने के लिए कभी ग्रेट-ईस्टर्न और ग्रैंड के शानदार हॉल, और कभी इलियट रोड और पार्क स्ट्रीट की सस्ती-महँगी बार की मेज़ें–कभी कारनानी मेंशन का कोई सूट, तो कभी फ्री-स्कूल स्ट्रीट, कोई फ्लैट, एपार्टमेंट ! ताश के पत्तों या सौदे के कागज़ों को बीच में रखकर एक तरफ़ की मज़बूरी को खरीदनेवाला कभी मारवाड़ी सेठ का लड़का, और कभी सेंट जॉर्जेज़ घाट पर खड़े जहाज़ का कोई खलासी, पर्सर। दाँव हारकर कभी वह कंट्रैक्ट परमिट और नोट देता है और कभी घड़ियाँ, कैमरे, टेप-रिकार्डर...यह रात कलकत्ते की ही क्यों, बम्बई की भी हो सकती है, दिल्ली और हाँगकाँग की भी हो सकती है। दुनिया के हर बड़े शहर की रात का पैटर्न यही है। बाजारू सिनेमाओं की तरह पीछे के सैट्स बदल दिए जाते हैं–कहानी वही चलती है...।"

"हाँ, उनके लिए जो सिर्फ़ चौरंगी और उसके आसपास घूम जाते हैं।" ठाकुर साहब पीछे से उछलकर हम लोगों के बीच अपना सिर निकाल लेते हैं, "लेकिन यार, कलकत्ता एक शहर नहीं है–अनेक शहरों का समूह है और हर जगह की अपनी एक ज़िन्दगी है, अपनी एक रात है। भवानीपुर और बालीगंज, शाम बाज़ार और बड़ा बाज़ार, खिदिरपुर और अलीपुर–हर जगह की ज़िन्दगियाँ बिलकुल अलग-अलग शहरों की ज़िन्दगियाँ नहीं हैं ? जैसे आगरा और मथुरा...

'ज़िन्दगी नहीं, यों कहो, हर शहर की अपनी एक खास तरह की रात होती है।" सुधारकर मदन बाबू पूछते हैं, "बोलो, अब कहाँ चलूँ ?" फिर कुछ सोचकर कहते हैं, "चलो पहले हावड़ा चलते हैं।" फिर ऑक्टरलेनी मॉनूमेंट के पास से गुज़रते हुए बताते हैं, "और ठाकुर ने यह नहीं बताया कि इस मैदान की ज़िन्दगी बिलकुल अद्भुत है। रात को यहाँ मियाँ-बीवी भी घूमने निकलें तो लोग उन्हें धमकाकर घड़ी-पर्स छीन लेते हैं। टैक्सी विक्टोरिया रेड-रोड पर

खड़ी दीखे तो समझ लो, चलता-फिरता ब्रॉथल है। हर रोज़ यहाँ एक मर्डर होता है। एक बार क्या हुआ, एक प्राइवेट गाड़ी बड़ी तेज़ी से आ रही थी, पार्क स्ट्रीट की मोड़ पर पता नहीं कैसे एक आदमी चपेट में आ गया। लेकिन गाड़ीवाले शेर ने ऐसी स्पीड दिखाई कि पता नहीं चला। लाश सुबह तक पड़ी रही। अख़बार में भी निकला था...।''

''और वह, फुटपाथ पर सोए हुए लोगों को कुचलता हुआ ट्रक निकल गया था...।'' ठाकुर साहब के पास हर बात का समानान्तर किस्सा होता है। ''लाइन की लाइन बेचारे बेघर लोगों की सो रही थी, ट्रक सबकी चटनी बनाता हुआ भाग गया...।''

हावड़ा स्टेशन बन्द हो गया है। चकरघिन्नी की तरह घूमती बसों, ट्रामों, टैक्सियोंवाला सड़कों का जंजाल सूना पड़ा है। हावड़ा शहर की ओर जानेवाले चौड़े पुल के बग़ल में, पान की दुकान के सामने मदन बाबू गाड़ी रोकते हैं, ''यह हमारी खास दुकान है। यह और इसके पासवाली चाय और खाने की दुकानें रात-भर खुली रहती हैं। कारखानों की नाइट-शिफ्ट चलती है न...।'' जगमगाती दुकान के सामने ही 'चाँपाकल' (हैंडपम्प) लगा है। दो-तीन रिक्शे इस तरह रास्ता रोके खड़े है कि पानी बचाकर दुकान पर जाना कठिन है। नंगे बदन काला-सा आदमी पास खड़ी टैक्सी को पानी भरी बाल्टी में कपड़ा डुबा-डुबाकर धो रहा है। हैंडपम्प के नीचे रिक्शेवाला—या शायद दुकान का कोई आदमी—साबुन लगा-लगाकर ऐसे तन्मय भाव से नहा रहा है जैसे दोपहर के दो बजे हों। तहमद समेटकर टाँगें फटकारते हुए सरदारजी, गली के होटल से डकार लेते और दाँत कुरेदते टैक्सी की ओर बढ़ते हैं—''हो गई धुलाई ?''

''इस वक़्त इन लोगों को फुर्सत मिलती है।'' चार बीड़े मुँह में जमाकर मदन बाबू बताते हैं।

मैं विराट पुल को देखता रहता हूँ—''इस वक़्त किसी को अन्दाज़ा हो सकता है कि दिन में यहाँ ऐसी भीड़ और भाग-दौड़ रहती है जैसे कहीं बम फटा हो—? उफ़ ! ज़रा देर यहाँ खड़े रहो तो दिमाग़ चकरा जाए।''

''लेकिन ग्यारह बजे स्टेशन बन्द हो जाता है।'' पानवाले तिवारी जी बताते हैं, ''अगर उस वक़्त कोई गाड़ी आई भी तो बाहर बार्ट में पड़ी रहती

है। सबको बाहर निकालकर इस वक़्त सफ़ाई होती है।'' बस, यही आठ-दस दुकानें खुली रहती हैं।'' वे नीचे रखे सन्दूक में कपड़े जमाते रहते हैं।

''चलो, चलो।'' मदन बाबू गाड़ी में जा बैठे हैं। मन लायक पान खाकर अब वह चैतन्य हो उठे हैं। उत्साह से कहते हैं, ''अब इधर-उधर चक्कर लगाते हुए कलकत्ते की सबसे रौनकदार जगह ले चलते हैं....।''

''कहाँ—सोनागाछी ?'' मैं पूछता हूँ।

''वैसे चलेंगे वहाँ भी, लेकिन वहाँ अब कुछ नहीं है।'' फिर गुर्राकर पूछते हैं, ''कोठे पर जाकर गाना सुननेवाली रात देखती है ?'' फिर कुछ याद आ जाता है, ''वह मज़ा देखना हो, तो हमारे ज़माने में बनारस आते... आहा।''

स्टैंड रोड और डलहौज़ी स्क्वायर की अनेकमंजिली पर्वताकार बिल्डिंगों के पैरों में पड़ी सूनी सड़कों पर ऐसे निश्चिन्त भाव से चलना बड़ा अस्वाभाविक लग रहा है—वरना यहाँ गाड़ी चलाना नसों के भीषण तनाव से गुज़रना है। कहीं कोई सिपाही शक्की निगाहों से हमें देखता है। ट्रैफिक बत्तियाँ सो गई हैं। ऊपर-नीचे, खिड़कियों के शीशों के पीछे नियॉन-ट्यूब्स जल रहे हैं, और नीचे चारपाइयों पर बैठे दरवान बीड़ियाँ पी रहे हैं...खर्राटे ले रहे हैं या थाली-कटोरी धो रहे हैं...जगह-जगह तम्बू लगाए सड़क-ट्राम की मरम्मतवाले काम कर रहे हैं—इधर-उधर लाल लैम्प रखे हैं...

सड़कों के बाद सड़कें गुज़रती चली जाती है—थोड़ी-थोड़ी दूर पर खड़े खम्भे, चौराहों के बीच, आँखों की चौंधियाती नियॉन बत्तियाँ, परछाईं और रोशनी के चौखटे, मँडराते हुए भुनगे, औंघते साइनबोर्ड और किसी रोशन खिड़की में घूमता पंखा...तार पर सरकती पानी की बूँद जैसी सड़कों पर फिसलती छोटी-सी गाड़ी...मिशनरी, सैंट्रल एवेन्यू...बहू बाज़ार स्ट्रीट...कॉलेज स्ट्रीट...दोनों ओर सफ़ेद कपड़ों से ढँकी लाशों की तरह फुटपाथों पर सोते हुए लोग—कलकत्ते के दस लाख लोगों के बिस्तर...कहीं-कहीं बगल में खड़े रिक्शों की कतार...अँगड़ाई लेते कुत्ते...

''अपना क्या है बाबू, कहीं सत्तू-भात खाया, और रात में फुटपथ पर रिक्शा खड़ा करके सो गए।'' बलदेव बता रहा था। उस दिन सेकेंड शो से निकला तो बारह बज गए थे। हिन्द सिनेमा से रिक्शा ले लिया। कहा, ''धीरे-धीरे चलो

यार, चाँदनी रात है। यों तो कलकत्ते में चाँदनी रात देखने को मिलती नहीं है। तुम क्या यहीं रहते हो ?''

''राजा बाज़ार।''

''वहाँ जाओगे अब इतनी रात में ?'' मैंने पूछा।

''मन होगा, और सवारी मिलेगी तो चले जाएँगे, नहीं तो अपना क्या है...।'' वह बताने लगा, ''वहीं अपने बासे के कई लोग हैं...''

मुँगेर में रहता है, लड़के हैं, उनकी शादी हो गई है—बहू है। हर साल बाढ़ में खेत बह जाता है। घर में पानी आ जाता है। मैं उसे ग़ौर से देखता हूँ, ''यार, तुम्हारी आराम करने की उमर है। तुम बुड्ढे आदमी हो। रात-रात-भर रिक्शा चलाते हो। कहीं कुछ हो गया तो... ?''

''ऐसा ही है।'' वह गहरी साँस लेकर टाल देता है। यानी मुझे कॉन्फीडेंस में नहीं लेता। रिक्शे का एक रुपया रात को और दो रुपए दिन को देता है। नहीं, उसके साथी कुछ करते होंगे—वह दलाली का काम नहीं करता—रात को सवारी से ज़्यादा पैसे लिए जा सकते हैं। इसलिए निकलता है...घर ही गुज़र हो जाती तो यहाँ यों आकर रहने का शौक थोड़े ही है... ? टैक्सी में रात को ड्राइवर के साथ एक और आदमी बैठता है, फिर भी लोग इधर-उधर ले जाकर छुरा दिखाकर रुपए-पैसे या कभी कभी टैक्सी तक छीनकर भाग जाते हैं। हम अकेले बुड्ढे आदमी हैं, छीन ले जा भैया, जो तुझे मिले छीन ले जा। एक दफा ढाई रुपए हमसे भी ले गया—हमने समझा, चलो आज कोई सवारी ही नहीं मिली...क्या टाइम हो गया बाबू... ?

ठाकुर साहब कहते हैं, कलकत्ता एक शहर नहीं है, इसलिए उसके किसी भी हिस्से की रात नहीं है, हर शहर जब रात की बाँहों में सोता है तो उसका अपना एक खास रूप और व्यक्तित्व होता है—करैक्टर होता है...और वह करैक्टर एक रात का नहीं होता, अनेक रातों का मिलकर बनता है....हर सिनेमा घर, हर होटल, हर बार, हर चौराहे के आसपास उस रात का कोई न कोई टुकड़ा बुना रहता है। फिर जब-जब वहाँ से गुज़रते हैं तो वह टुकड़ा लम्बी रात की कड़ी में जुड़ता रहता है, क्योंकि वह रात एक स्थिति नहीं, एक प्रक्रिया है...जाने कहाँ-कहाँ गुज़ारी हुई रातों की एक मिश्रित (सिंथेटिक) प्रक्रिया...जो सिर्फ़ सूनी सड़कों पर ही रहती है...और सिर्फ़ अपनी रात होती है...

बिडन-स्ट्रीट के पेट्रोल पम्प से गलियों का वह सिलसिला, कभी-कभी ढके हुए रिक्शों का चुपके से मुड़ जाना...सिगरेट पीता हुआ बेकार आदमी, खम्भे

की टेक लगाए मितली की हिचकियों में झटके खाता प्रौढ़, सड़क पर गुनगुनाती-लड़खड़ाती छाया...खूब मोटी-ताज़ी बिल्ली का चौंककर मोटर के सामने से भागना...गली के मोड़ पर हैड-लाइट के सामने हरा दरवाज़ा 'काली बाबू के भोट दिन' के साथ हँसिया और गेहूँ की बाल, 'सेतु' 'स्टार-थिएटर' का लाल बोर्ड, चूने से पुता बिजली का खम्भा, नाली में लुढ़कता ड्राम का खोल...हैड-लाइट मुड़कर सामने गली में आ जाती है। चाय की भिनकती हुई-सी दुकान...

कई तल्लों का एक बहुत बड़ा मकान...बन्द खुले कमरों के सामने से गुज़रना...नए-पुराने को तौलती-मुस्कराती आँख...रजनीगन्धा के फूलों का मोल-तोल। एक बार का दस रुपया...नाम राज, भाई-भाभी सब, डिप्टीगंज, दिल्ली...मकान...नम्बर कायस्थ...अब वहाँ हमें कौन लेगा ?

काजल-लगी, चमकती, खूबसूरत, चालाक आँखें...जो जानती हैं कि सुननेवाला क्या जवाब चाहता है ! अनेक बार के टूटे हुए-से जवाब...रात-भर का पचास होगा...सुबह-सुबह हम सब भूतनाथ के मन्दिर ज़रूर जाती हैं...

पिछली कोई रात तैरती हुई निकल आती है। गलियों और सड़कों के हर तिलस्मी मोड़ पर लगता है जैसे कोई किसी के पीछे छूरा लेकर अभी-अभी मोड़ पर गायब हो गया है। इस जगह क़दम-क़दम पर खतरा और रहस्य है...दोनों ओर से अभी चार आदमी टूट पड़ेंगे...''लाओ, निकालो, तुम्हारे पास क्या है ?''...पीं-पीं...हैड लाइट फिर बन्द किवाड़ों पर घूमती है...

एक गली अचानक जगमगाते, चहल-पहल-भरे बाज़ार में जा खुलती है, जैसे रात के डेढ़ नहीं, साँझ के सात बजे हैं...फूल, मिठाई, पान इत्यादि की दुकानें...''यह है नीमतल्ला घाट....कलकत्ते का श्मशान।'' इधर-उधर रेल की पटरी के आस-पास भटककर गाड़ी ठीक भूतनाथ के मन्दिर के सामने आ खड़ी होती है। जगह-जगह लोगों के झुंड हैं और जोश में ढफ-मंजीरे बज रहे हैं—थोड़ी-थोड़ी दूर आग के अलाव-से जलाकर। घाट की इमारत के बाहर मेला लगा है। ''ये लोग सारे दिन रिक्शा खींचते हैं, सामान ढोते हैं, दरबानी करते हैं और रात को दो बजे भगवान भूतनाथ के सामने गाते-बजाते हैं।'' एक ओर बहुत बड़ी भीड़ खड़ी है, मैं भी पहुँच जाता हूँ। बीचोंबीच धोती-कमीज़ पहने एक आदमी हाथ उठाकर गाता है—''हाँ, गुरु जी से भेद पूछने आया... ।'' गुलाबी रेशमी साड़ी पहने लड़का, नखरे से घूँघट काढ़कर, कमर लचकाता, छातियाँ उछालता, नाचते हुए किसी के भी गले में बाँहें डाल देता है—आँखों

में आँखें डालकर गाता है...गुरु जी से भेद पूछने आया...।'' फिर घुँघरू पहने आदमी और यह 'औरत' जिस तरह लिपट-लिपटकर नाचते हैं, वह ट्विस्ट भी है, रॉक एंड रोल भी, कैबरे भी हैं और भाँगड़ा भी...। लोग हँसते हैं, खिलखिलाते हैं...यहाँ-वहाँ रज़ाइयों में लिपटे लोग नदी-किनारे खुले में यों पड़े हैं जैसे मिट्टी के ढूह। ''आहा, मस्त हो रहे हैं।'' मदन बाबू चहकते हैं। हम लोग श्मशान की ओर बढ़ते हैं। तभी दो-तीन विदेशी युवक और कसे हुए ब्लाउज और जीन्स पहने दो लड़कियाँ श्मशान से निकलकर सामने खड़ी गाड़ी में आ बैठते हैं।

''ये आधी रात को यहाँ क्या कर रहे हैं ?'' ठाकुर साहब पूछते हैं।

''अरे ये बाहर के टूरिस्ट लोग यहाँ बहुत आते हैं, तस्वीरें खींचने !'' मदन बाबू झूमते-झामते पान की दुकान के सामने जा खड़े हुए हैं।

''शायद वे दोनों बीटनिक कवि हैं।'' मैं अपना अन्दाज़ा भिड़ाता हूँ, ''एलेन गिन्सवर्ग और पीटर ओरोलस्की। सुनते हैं इधर उन्हें बंगाली और अमेरिकन बीटनिक लड़कियाँ भी मिल गई हैं। अफ़ीम-भाँग खाकर ये यहाँ रात-रात-भर मुर्दों का जलना देखते रहते हैं।''...

होगा... ! बड़ा-सा फाटक है, और उसके दोनों ओर दालानों की कतार है और उनमें चिताएँ जल रही हैं। लकड़ियों की टालें हैं। बैठे और खड़े हुए लोग सूनी और उदास आँखों से जलती हुई लपटों को ताक रहे हैं। एक पागल-सा आदमी लम्बा साँस लेकर आग के बिलकुल पास तक चला जाता है...लपटों के बीच-बीच में भर्राई-सी 'फाट ! फाट् !' गूँजती है तो लगता है–यह शायद खोपड़ी जली है। यहाँ के कुत्ते कैसे मोटे-मोटे और तगड़े हैं। हम लोग सीढ़ियाँ उतरकर ठीक पानी के पास अँधेरे में आ खड़े हुए हैं। छप-से कभी कोई चीज़ डूब जाती है। शायद कछुए हों। ''कछुए और भी तगड़े हैं।'' ठाकुर साहब बताते हैं। ऐसी जगहों पर खामखाह मन उदास हो जाता है। पानी गन्दा और बदबूदार है। कोई आकर उसी पानी से मुँह धोता है, ''जय भूतनाथ !'' यहाँ पता नहीं कब से बिना सिलसिला टूटे कोई न कोई चिता जलती रहती है यह आग कभी नहीं बुझती...''

थके हुए-से हम लोग लौटते हैं। खम्भे के सहारे नाई किसी के लम्बे-लम्बे बालों को छील रहा है। नारियल की तरह पीली-पीली खोपड़ी आधी चमकने लगी है। चश्मे के पीछे गोली आँखें मिचमिचाते एक साहब हुगली की ओर देख रहे हैं। एक तरफ़ दो-तीन व्यक्ति कुल्हड़ों में चाय पी रहे हैं–''बहुत थक

गए यार... ।" शायद लिहाज़ निभाने मुर्दनी में आए हैं...इस बहाने यहाँ बैठकर बातें करने का अवसर आ गया है। मदन बाबू कहते हैं–"मैं तो केयातल्ला के इलैक्ट्रिक क्रीमैटोरियम में जाऊँगा...पाँच मिनट में सब साफ़... ।"

"चलो ! चलो।" हमें हाँकते हुए मदन बाबू बताते हैं–"इस नीमतल्ला घाट के बारे में कहा जाता है कि यहाँ की चिता कभी ठंडी नहीं होती।" बाहर ज़रा-सा भूतनाथ के मन्दिर में झाँककर कहता हूँ–"चलो, यहाँ से निकलो मदन बाबू, तबीयत घबराती है... ।"

और फिर हम झाँझ-मंजीरे, नाच-गाने की दुनिया में लौट आए हैं, जहाँ शिष्य गुरु जी से काम-कला के भेद पूछ रहा है। इस बीच दो अर्थियाँ और बड़े फाटक में चली गई हैं। गाड़ी घूमकर फिर उसी रौनकदार बाज़ार से गुज़रती है। जनेऊ डाले, नंगे बदन, लुटिया में फूल लिए एक साहब जल्दी-जल्दी भूतनाथ की ओर लपक रहे हैं–"अभी-भी इस शहर में ऐसे लोग हैं जो नहा-धोकर जब तक भूतनाथ को फूल न चढ़ा लें, मुँह में पानी नहीं देते, चाहे रात के दो बज जाएँ..."

'चलो, अब सट्टा बाज़ार चलें, दूसरी रौनकदार जगह वह है।" फिर वही सपनीली सड़कें, सोए हुए बारजे, तारों की परछाइयाँ–इधर-उधर खड़े ट्रक और रिक्शे। बन्द दुकानों के पीछे से आती सिलाई की मशीन की खटर-खटर, एक बार जलाकर बुझा दिया जाता किसी कमरे का स्विच। सट्टा बाज़ार बन्द है। कहीं बहुत दूर नेपथ्य में 'चोरे-चोर' की आवाज़ आकर ग़ायब हो जाती है।

"चलो अब खिदिरपुर चलेंगे।" फिर स्टैंड रोड, चौदह मंजिल का नया सेक्रेटेरियट, ईडन गार्डन, किले का मैदान और हुगली में खड़े, बत्तियों की झालर लटकाए बड़े-बड़े जहाज़। देर तक कोई भारी-सी गाड़ी लगातार हमारे ऊपर रोशनी डालती पीछे-पीछे चली आ रही है। मदन बाबू कई बार हाथ से इशारा कर चुके हैं–आगे निकल जाओ। लेकिन न रोशनी का फ़ोकस हटता है, न गाड़ी आगे आती है। झुँझलाकर हम खड़े हो जाते हैं। पुलिस की एक गश्ती वान आगे निकल जाती है।

डॉक एरिया...खिदिरपुर : इधर से उधर जाती रेल की पटरियाँ और यहाँ-वहाँ सिर निकाले क्रेन। जहाज़ों की चौंक-चौंककर गूँजती भों-भों। चलो, वह खुल जानेवाला पुल देखें। लेकिन पहले यहाँ चाय पी लें। लेविल-क्रॉसिंग पर चाय की दुकान के सामने फिर एक पड़ाव। ठंड काफ़ी बढ़ गई है। एक

ओर लड़का बड़ी-सी कड़ाही माँज रहा है। दुकान के नीचे, म्यानी में भट्टी चढ़ाए बूँदियाँ निकाली जा रही हैं—'खट्खट्, छन्न-छन्न...।' "हलवाइयों के यहाँ रात-भर काम होता है।"

"तीन-साढ़े तीन बजे हैं। यहाँ कुछ मज़ा नहीं आया। चलो, डाइमंड हार्बर पर समुद्र किनारे सूर्योदय देखेंगे...। पच्चीस-तीस मील होगा, पाँच बजे तक पहुँच जाएँगे...।"

ट्राम लाइन के किनारे-किनारे गाड़ी दौड़ती है...खिदिरपुर, इकबालपुर, मोमिनपुर, बर्दवान रोड, न्यू अलीपुर मिंट, बेहाला...अचानक सामने से भारी-सा ट्रक चला जाता है...बचते हैं तो पीछे पहाड़-जैसा पुआल लदा है। सँभलते-सँभलते फिर एक और ट्रक, फिर एक और ट्रक...पतली-सी सड़क पर गाड़ी नीचे लड़खड़ाकर उतर जाती है—"अरे ताँता ही बँध गया ! यह गाँवों से आ रहा होगा। पैकिंग बग़ैरा के काम आता है न। इधर तो कुछ नहीं है। ग्रांड ट्रंक रोड पर देखो, इस समय जो ट्रैफिक है। लाइन है कि टूटती ही नहीं। कलकत्ते का सारा ट्रांसपोर्ट बिजनैस ही रात में होता है...।" मदन बाबू किसी मकान के सामने गाड़ी रोककर बताते हैं। पीछे के मकान की बन्द खिड़की के पीछे से नीली हल्की रोशनी के चौखटे झाँक रहे हैं। तालाब में मछलियों की बदबू भरी है।

"अब आप थक गए हो मदन बाबू !" ठाकुर साहब कहते हैं। "हाँ ज़रा-सा...।" माफ़ी माँगने की तरह मदन बाबू कहते हैं और स्टीयरिंग पर कनपटी रख देते हैं, "मुझे म्यूज़िक कान्फ्रेंस में कभी नींद नहीं आती।" ठाकुर साहब अब सचेत हो रहे हैं—यह भी अजब मस्त आदमी हैं। अभी दो मिनट में चंगे होकर कहेंगे, चलो डाइमंड हार्वर...फिर ज़ोर से कहते हैं, "मदन बाबू, सो ही रहे हो तो यह इंजन तो बन्द कर दो।"...दो बैलगाड़ियाँ सब्जी लादे गुज़र रही हैं।

मैं झुककर देखता हूँ। इंजन बन्द है और जो गूँज रहा है, वे सोनेवाले के खर्राटे हैं। हम लोग बाहर निकलकर नई सिगरेटें जलाकर आसपास की जगह को पहचानने की कोशिश करते हैं। सामने का आसमान फीका पड़ने लगता है...अख़बारों की गट्ठर लादे एक साइकिल पीछे से गुज़र जाती है।

"नाउ वी आर एप्रोचिंग टु द डॉन...।" अनाउंसर की आवाज़ के साथ क्षितिज पर लाल गेंद उभरने लगती है। ऊपर का गुम्बद सफ़ेद हो जाता है। भक् से

हॉल रोशनी से भर उठता है। खटखट कर्सियाँ गिरती हैं और टटोलते हुए-से लोग अपनी-अपनी 'रो' से एक के पीछे एक निकलने लगते हैं। सबकी निगाहें ऊपर गुम्बद पर टिकी हैं जहाँ अभी-भी एक लाल गोल धब्बा टँगा है...

●●●